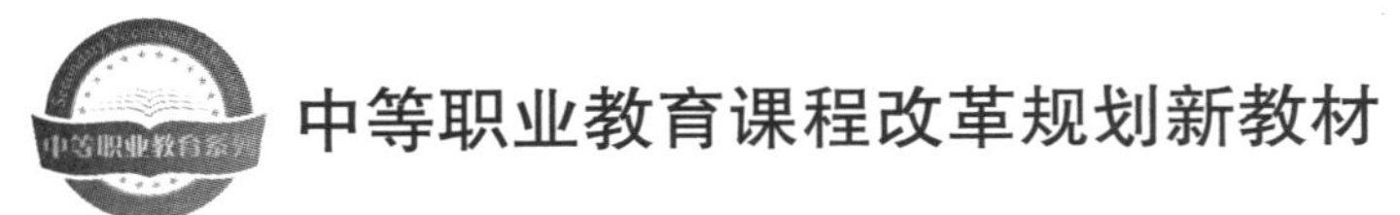

中等职业教育课程改革规划新教材

P 普通话口语交际教程

PUTONGHUA KOUYU JIAOJI JIAOCHENG

主　编　蓝师科　李国清

副主编　许　莹　张欢贵　武　平　陈　洁

编　委　吴红英　薛卉茵　张　健　王　瑞

赖颖飞　卢燕娴　杨　慧　袁竞智

四川大学出版社

·成　都·

责任编辑：楼　晓
责任校对：欧风偃
封面设计：墨创文化
责任印制：王　炜

图书在版编目（CIP）数据

普通话口语交际教程 / 蓝师科，李国清主编. —2版. —成都：四川大学出版社，2016.5
ISBN 978－7－5614－9477－6

Ⅰ.①普…　Ⅱ.①蓝…　②李…　Ⅲ.①普通话－口语－中等专业学校－教材　Ⅳ.①H193.2

中国版本图书馆 CIP 数据核字（2016）第 100660 号

书名　**普通话口语交际教程**

主　　编	蓝师科　李国清
出　　版	四川大学出版社
地　　址	成都市一环路南一段 24 号（610065）
发　　行	四川大学出版社
书　　号	ISBN 978－7－5614－9477－6
印　　刷	成都金龙印务有限责任公司
成品尺寸	185 mm×260 mm
印　　张	10.5
字　　数	266 千字
版　　次	2016 年 5 月第 2 版
印　　次	2019 年 8 月第 2 次印刷
定　　价	26.00 元

◆读者邮购本书，请与本社发行科联系。
电话：(028)85408408/(028)85401670/(028)85408023　邮政编码：610065
◆本社图书如有印装质量问题，请寄回出版社调换。
◆网址：http://press.scu.edu.cn

目　录

上篇　普通话基础知识

中篇　普通话口语交际训练

下篇　职业应用口语训练

附　　录

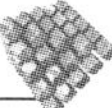

前　言

口语交际，是人们在日常生活、学习和工作中以语言为工具所进行的一种交流思想情感的活动。良好的普通话口语交际能力，是当代中职生必须具备的基础技能之一。“好言一句三春暖，恶言一句六月寒。”一席温暖得体的话语，有时犹如一场春风化雨，有时犹如冬日里的一缕阳光、黑夜里的一丝光明、一场谈判成功的“关键性武器”……

为了适应新一轮的职业教育课程改革和教材建设规划的要求，根据《普通话水平测试纲要》以及普通话口语交际教学的基本要求，在广泛听取各类职业学校语文老师的意见和建议的基础上，针对中等职业学校的教学实际和当代中职学生的实际发展需要，并结合编写者们自身多年的普通话口语交际教学实践经验，我们编写了《普通话口语交际教程》一书。

本书在编写过程中，注重讲练结合，尤其侧重对学生的普通话口语交际能力的训练，正所谓“教师讲百遍，不如学生练一遍”。通过让学生上讲台训练，使学生得到实实在在的锻炼，这样，学生的说话胆量得到了锻炼，同时掌握了说话技巧，口语交际能力也就得到了提高。

本书是以专题形式进行普通话口语交际训练的，这样的训练更具有针对性，也更贴近学生的学习生活实际。如“自我介绍”，是一个向别人展示自身综合形象的“语言名片”。我们中职生需要在短短的三五分钟内，中肯地、得体地向别人介绍自己，给听者留下良好的初步印象，或者在面试中，让考官通过你的介绍，清晰地感受到你就是招聘岗位最适合的那个人。本书中的专题训练，不但教会学生们掌握“自我介绍”的一些技巧，而且通过“求职应聘”的训练，为中职生今后就业面试的成功奠定良好的基础。同时本书非常注重实用性，如普通话水平测试模拟试题，可以用来检测学生的普通话运用水平；命题说话和情境说话题，可以用来训练学生的口语表达能力；朗读短文作品，既可做学生平时普通话口语训练的材料，也可做学生早读的材料。

本书的教学建议：至少用 34～40 课时来完成本门课程的教学。其中用 4～6 课时进行普通话基础知识的讲解，让学生对普通话的相关知识有一定的了解和掌握；用 6～10 课时进行朗读训练，使学生掌握一定的朗读技巧，训练学生普通话语调语感的运用；用 8～10 课时进行普通话命题说话训练，使学生整体掌握普通话的词汇语法并能规范运用；用 12～16 课时让学生轮流上讲台进行口语交际训练，教师对每个学生的讲话都要作点评和分析，从而达到更好的训练效果；用普通话水平测试模拟题来检测学生的普通话学习情况和运用水平，同时也为中职生参加普通话水平测试奠定良好的基础，这样，一书两用，既可作为中职生参加普通话水平测试的教辅教材，也可作为中职生口语交际训练的专题教材。

本书力求让学生的普通话水平在实实在在的专题训练中得到提高，书中如有欠妥之处，恳请各位专家、同行批评指正。

编　者

上篇　普通话基础知识

◆第一章　推广普通话的重要性

◆第二章　普通话与方言

◆第三章　普通话语音基础知识

第一章 推广普通话的重要性

语言是最重要的交际工具和信息载体。我国历史悠久，人口众多，两千多年封建社会的生产和生活方式使得人们的社会交流相对滞塞，这是形成复杂分歧的方言的原因之一。而当现代中国成为一个人际交往越来越频繁、越来越深入的言语共同体时，复杂分歧的方言就成为社会交际的“鸿沟”，于是就需要一种足以打破方言分歧的语言形式来满足跨地域的社会交际，这种语言形式就是共同语，普通话作为一个历史的产物就应运而生了。

早在1956年2月6日，国务院就颁布了《关于推广普通话的指示》，经过半个多世纪的推广，特别是由于改革开放以来社会飞速发展，普通话在我国的社会生活中发挥着越来越重要的作用，并已取得崇高的法定地位。普通话的法定地位首先是通过1982年修订的《中华人民共和国宪法》而得以确立的。这部宪法的第十九条规定：“国家推广全国通用的普通话。”在宪法这样的国家根本大法中对官方语言的一种变体作出这样的规定，这在整个人类文明史上是极其罕见的。普通话也由此获得一种崇高的法定地位。2000年10月31日全国人大通过的《中华人民共和国国家通用语言文字法》则通过专门法的形式，使普通话的法定地位进一步具体化。随之，全国各地在此基础上相继建立了相应的地方法规。从法律的角度上说，普通话是“国家通用语言”；而从社会语言学的角度来说，普通话则是汉语的共同语和标准语。

随着改革开放和社会主义市场经济的发展，社会对普及普通话的需求日益迫切。推广普及普通话，营造良好的语言环境，有利于消除语言隔阂；有利于促进人员交流，促进社会交往；有利于维护国家统一，增强中华民族凝聚力，对社会主义经济、政治、文化建设和社会发展起到推动作用。

1. 什么是普通话

什么是普通话？很多同学都很茫然：电视上说的就是普通话、青海的同学说的就是普通话……这些答案都不准确。

在这里，我们要给普通话下一个准确的定义。普通话是从现代汉语演化而来的。1995年10月在现代汉语规范问题学术会议上将现代汉民族共同语定名为“普通话”，并确定了普通话的定义，即：“以北京语音为标准音，以北方话为基础方言，以典范的现代白话文著作为语法规范的现代汉民族共同语”。从规范化的角度说，普通话就是汉民族的标准语。“以北京语音为标准语”，指的是北京语音系统，包括北京语音的声母、韵母、声调，声母、韵母、声调的结合规律、音变规律等。“以北方话为基础方言”，指的是当对同一事物或现象各方言用不同词语来表达时，我们应该使用北方话的词语。“以北方话为基础方言”，并不是说北方话的所有词语都能进入普通话。如果一种事物在北方话里有几种不同的说法，普通话一般吸收历史比较长、使用地区比较广、词义比较

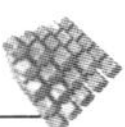

明确的词；舍弃使用时间短、使用地区窄、词义不太明确的词。“以北方话为基础方言”，同时还从各个方面吸收有特殊表现力的词汇，包括从古代汉语里继承现在还有生命力的词汇，从外国语中吸收一些汉语所需要的词汇，并且从各种方言里吸收许多有特殊表现力的词汇，这样使普通话的词汇更加丰富多彩。“以典范的现代白话文著作为语法规范”，语法是词、短语、句子等语言单位的结构规律。就语法而言，汉语各方言区的语法大体一致，相对于语音、词汇来讲，共性更多一点，但仍存在一定的差异。这些差异表现在语法的方方面面，如构词法、虚词的用法、语序等。

普通话包括了语音、词汇、语法三方面的标准。作为现代汉民族共同语的“普通话”，其要求是做到语音、词汇、语法三方面的规范。

2. 怎样学好普通话

要说好普通话其实并不难。但是由于受各地方言音的影响，虽然我们学了许多年语文，讲了许多年普通话，但是普通话发音总是不标准，总有那么股方言音调在里面，于是，各地的普通话则被我们自己美其名曰“川普”、“马普”等。要怎么样才能说上一口标准而流利的普通话？这里给大家介绍几个学好普通话的小窍门。

（1）克服心理障碍

一个游泳教练花了一个星期给学员讲游泳的理论知识，等到要下水实践的时候，有的人却因为怕水而不敢下游泳池。大家想想，那这个人会学会游泳么？答案显而易见。

许多同学在学习普通话时害怕自己因生硬别扭的发音出丑，或是畏惧长时间训练的困难，这些心理障碍常常使学习进步缓慢。我们需要及时调节自己的心理状态，放下心理包袱，大胆地开口讲。任何学习都有一个从笨拙到熟练的过程，学习普通话也不例外，只有下苦工夫克服困难，战胜畏惧心理，才能成为学习中的胜利者。

总之，调整好心理状态，克服心理障碍，是学好普通话的重要前提。

（2）创造良好的语言环境

任何语言都离不开具体的语言环境。在学习普通话的过程中，我们一定要克服本地方言环境的影响，尽可能为自己创造一个有利的说普通话的环境。做好这一点的关键在于大家的积极性和主动性。如果我们有了学好普通话的迫切愿望，自然就容易对普通话产生浓厚的学习兴趣和高度的自觉性，自觉寻找各种可以练习普通话的机会，对普通话学习的强烈愿望还可以促使自己自觉地运用普通话进行阅读和思考，这样做不仅能提高普通话的语音标准度，也会有力地促进普通话口语表达能力的提高。

（3）找准学习方法

多听：听广播，听中央电视台新闻联播主持人的标准发音。

多说：加强与同学的普通话口语交流，互相学习，取长补短。

多读：加强阅读文章和朗读课文的能力，从中获得良好的语感。

找规律：每一个地方的方言与普通话都有异同点，从中找出对应规律，进行针对性训练，从而提高学习效率。

第二章 普通话与方言

语言是人类最重要的交际工具。我国人口众多，地域辽阔，交通阻隔，方言比较复杂。汉族是中国人口最多的民族，虽然汉民族在古代就已经形成了自己的共同语，但是由于受地域影响，汉语还存在比较严重的方言分歧，许多方言的存在是不争的事实，给人际交往带来不便，因此需要一种通行全国的共同语言，这就是普通话。

第一节 中国七大方言

汉族社会在发展过程中出现过程度不同的分化和统一，因而使汉语逐渐产生了方言。现代汉语各方言之间的差异表现在语音、词汇、语法各个方面，语音方面尤为突出。但由于这些方言和共同语之间在语音上都有一定的对应规律，词汇、语法方面也有许多相同之处，因此它们不是独立的语言。当代大多数语言学家根据方言的不同特征，划分了中国七大方言。

一、北方方言

北方方言又称官方方言，是现代汉民族共同语的基础方言，以北京话为代表，内部一致性较强。在各方言中，北方方言分布地域最广，使用人口最多，占人口总和的73%。在汉语各大方言中，官话方言有它突出的地位和影响。近一千年来，中国许多优秀的文学作品，从唐宋白话到元曲到明清小说，都是在北方话的基础上创作的，再加上以北京为中心的北方话通行地区从元代以来一直是中国政治、经济、文化高度集中的心脏地带，向来官场上办事交际都使用北方话，因而有“官话”的名称。实际上它是汉语各方言区的人共同使用的交际语言，现在全国推行的普通话，就是在“官话”的基础上发展起来的现代汉民族共同语。

主要语音特征：

①塞音和塞擦音声母大都有清声送气与清声不送气之分，而没有清声与浊声的对立，反映出清声母多而浊声母少的特点。古全浊声母字在现代官话方言各支系中几乎都念为清声母字，很少有例外。一般古全浊平声念送气清声母，古全浊仄声念不送气清声母。

②韵母方面最突出的特点是辅音韵尾比较少。

③声调方面最突出的特点是调类的数目比较少。除江淮官话、西南官话岷江小片、华北官话中河南黄河以北地区、西北官话中山西南端、陕西的北部及内蒙古西部部分地区有入声调外，其余各地官话大都没有入声调。整个官话方言区的声调以4—5个为最多，尤以4个声调最普遍，少于4个或多于5个的都比较少。

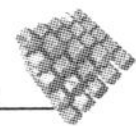

二、吴方言

江浙话或江南话习惯上称吴语。“吴”是古代地域名称的沿用。

吴方言通行于江苏南部、上海、浙江、江西东北部、福建西北角和安徽南部的部分地区，以苏州话为代表，占总人口的7.2%，使用范围大约有110多个县市，使用人口7000万左右。

吴方言最主要的特征是中古全浊声母至今仍保留浊音音位，比如「冻」、「痛」、「洞」的声母分别［t］、［tʰ］、［d］（普通话「洞」的声母清化为［t］）。

全浊声母在起首或单念时通常清化，即“清音浊流”，只在词或语句中维持浊音。

清塞音爆破性较其他汉语强。

边、鼻音［l］、［m］、［n］、［ɲ］、［ŋ］均分为清浊两套，分别与阴阳声调相配，可视为清浊对立的一部分。

在壮侗语族语言中，先喉塞声母是最常见的声母；而在浙南，古帮母和端母有好些地方也念成先喉塞音，如“疤”、“带”等，这是典型的古吴语的遗留。

吴语是以单元音为主体的方言。普通话中，ai、ei、ao、ou等都是双元音韵母，发音的时候声音拖得很长，而且口部很松。而吴语恰好相反，一般来说，对应普通话ai、ei、ao、ou的音，在吴语中分别是ɛ、e、ɔ、o，都是单元音，并且发音的时候口形是比较紧的。

三、湘方言

湘方言又称湘语或湖南话，是汉语七大方言中通行地域较小的一种方言。湖南省有多种不同的方言，湘方言是其中最有影响的一种，以长沙话为代表，占总人口的3.2%。

湘方言通行于湖南省的岳阳、南县、汨罗、湘阴、沅江、益阳、桃江、安化、宁乡、长沙、望城、株洲、湘潭、湘乡、双峰、涟源、娄底、新化、冷水江、叙浦、辰溪、邵阳、邵东、新邵、隆四、洞口、武冈、新宁、城步、东安、零陵、双牌、祁阳、祁东、衡阳、衡山等地，约占全省面积的一小半。此外，广西北部全州、灌阳、资源、兴安等4县也通行湘方言。使用人口估计在2500万以上。

由于社会、历史、地理以及政治变革等各方面的因素，古老湘语南、北、西三面长期以来处于官话方言包围之中，东部又受客、赣系方言的影响，以致语音系统不断产生变化，逐渐形成了新湘语和老湘语两种明显有别却又并存并用的特殊局面。从地理上看，新、老湘语的通行地域恰好分布在北部和南部，因此，有人把它称为北片湘语和南片湘语，这就是湘语的两个方言片。新湘语和老湘语之间的差别主要表现在语音系统上。南片老湘语比较保守，古全浊声母字一般仍多念浊声母；北片新湘语受官话方言的影响，因而有逐渐靠拢官话的趋势，语音上突出的表现是由繁到简，古全浊声母字一般都已念为清声母字了。北片新湘语主要通行于湘北、湘中一带，如长沙、株洲、益阳等；南片老湘语广泛通行于湖南中部、沅水东南、湘水以西和资水流域，如湘乡、双峰、邵阳、武冈等。

四、赣方言

赣方言又称赣语，是汉语七大方言区中通行面积较小、使用人口最少的一个方言。赣方言并非“江西话”，主要通行于江西大部分地区，以南昌话为代表，使用人口占总人口的 3.3%。江西省境内除赣方言外，还有客家方言、吴方言和江淮官话，江西的邻省也有赣方言。由于赣方言和客家方言有不少共同特点，有的语言学者认为可以把二者合并为一个大方言区，称为客赣方言。

赣方言通行于江西省中部和北部，湘东和闽西北；鄂东南和皖西南一些县市通行的方言，其特点近似赣方言，有的学者认为也可以划入赣方言。

赣方言的主要特点：

①古全浊声母今读塞音、塞擦音时，不论平仄多为送气清音；多数次方言晓、匣合口字混入［f-］母，影母开口呼读［iɑŋ］母，不读零声母；梗摄字一般有文白异读；除江西西部吉安、莲花等处基本无入声外，其他绝大部分地区都不同程度地保留入声韵尾；连读变调现象不是很突出。

②有不少词语与邻近方言相似。

③语法上人称代词复数一般在单数后加词缀，不少方言也逐渐通用“们”作复数标志；语助词“倒”的作用与普通话的“着”相仿，如“坐着吃”南昌话说成“坐倒吃”，南昌话的“到”还相当于普通话连动式“拿一本书给我”中的“给”，如“拿一本书到我”；有些方言词重叠后作状语时，词尾用“子”，相当于普通话的“地”，如南昌话：“慢慢子走”（慢慢地走）。

五、客家方言

客家方言又称客家话、客家语、客语等，是汉藏语系汉语族内的一种声调语言（或汉语方言），属于汉语七大方言之一。语言学者对于该将客家话归属至方言抑或是当成一门语言，仍有争论。

客家话以梅州话为代表。地区主要集中在粤东、闽西、赣南交界的赣闽粤客家地区，使用人口占总人口的 3.6%。客家话已被广泛使用于中国南方和台湾省、马来西亚及一些华人社区（香港、澳门已经甚少有人使用客家话）。此语言历史悠久，但客家方言正式被定名为“客家话”，是 20 世纪的事情。

主要特点：

①语音上，多送气音，古全浊声母，不论平声仄声，大多变读为送气清音，如，“别，步，抱”多读做［p‘］，“地，大，弟”读做［t‘-］，“在，字，坐”读做［ts‘-］，“旧，舅”读为［k‘-］。古非敷奉声母部分字今读做［f］，而客话读重唇音，如“斧，分，放，腹”念［p-］，“孵，讣”读［p‘-］，“扶，肥，饭”也念［p‘］。古晓匣母合口字，客家话中多读［f］声母或［v-］，如“火，花”念［f-］，“话，黄，换”念［v-］。古是晓组声母（如“基，欺，希”的声母），在细音前不腭化，仍保留舌根及喉音［k］［k‘］［h］的读法；大部分地区没有撮口呼韵母，撮口呼韵母混入齐齿呼韵母；古鼻音韵尾和塞音韵尾各地不同程度地保留着。

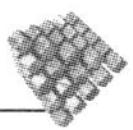

②声调上，多数地区是6个声调，少数地区有5个或7个声调。闽西长汀话、连城话，清流都没有入声，剩下平声分阴阳，去声分阴阳，上声自成调共5个调。粤东客话平声入声分阴阳，上去不分阴阳。闽西客家话的永定话、上杭话保留阴入阳入两个声调。

③在词汇语法方面，最明显的是保留了不少古汉语词语。如“禾（稻子）、食（吃）、索（绳子）、面（脸）”。还有一些具有本方言特色的词，如“目珠（眼睛），目汁（眼泪）”等。在语法上，常用有一些如“老、公、子、哩、头”等前缀、后缀；用一些特定的助词或词语（如“黎、咧”等）表示动作时态；通过变化指示代词和声调变化区分近指和远指等。

六、粤方言

粤方言又称粤语，俗称广东话、广府话，当地人称白话，是汉语七大方言中语言现象较为复杂、保留古音特点和古词语较多、内部分歧较小的一个方言。

粤方言主要通行于广东、广西境内，以广州话为中心，使用人口占总人口的4%。在中国香港和澳门、东南亚，以及北美、英国和澳大利亚华人社区中广泛使用。它的名称来源于中国古代对岭南的称谓“越”（通“粤”）。一种说法是粤语是融合了古越语的汉语；另一种则是古越语融合了汉语成分而成为一种全新的语言。

粤语与现代汉语有较大的差异。下面举例是常见的粤语词语和现代汉语的对照。（注：括号内为现代汉语。）

粤语常用词语：

我（我），你（你），佢（他、她），我哋（我们），你哋（你们），佢哋（他们、她们），人哋（人家），阿爸（爸爸），妈咪、阿妈（妈妈），阿哥（哥哥），阿嫂（嫂嫂），阿爷（爷爷），阿嫲（奶奶），阿公（外公），阿婆（外婆、老婆婆），阿叔（叔叔），老豆（爸爸），老妈子（妈妈），家姐（姐姐），大佬（哥哥），细佬（弟弟），心抱（媳妇），舅父（舅舅），孙（孙子），仔仔（儿子），女女（女儿），契爷（干爹），契仔（干儿子），寡佬（单身汉），仔（儿子），女（女儿）

系（是），呢度（这里），嗰度（那里），边度（哪里），呢（这），嗰（那），咁样（这样、那样），点解（为什么），第日（改天），第次（下次），乜嘢（什么），乜（什么），几多（多少），边（哪），攞（拿），咁好（这么好）

起身（起床），着（穿），除（脱），浪口（漱口），飞发（理发），电发（烫发），洗面（洗脸），屙屎（大便），屙尿（小便），闩门（关门），熄灯（关灯），水喉（水龙头），瞓觉（睡觉），食（吃），食晏（吃午餐），食烟（抽烟），滚水（开水），煲（煮），焗（焖），饮胜（干杯），颈渴（口渴）

中意（喜欢），得戚（得意洋洋），嬲（生气），发嬲（生气），啱啱（刚刚、刚好），啱先（刚才），正话（刚才），凑啱（恰好），不溜（一向），先至（才），就嚟（就要），经已（已经），卒之（终于），终归（终究），终须（终究），好（很），仲（还），鬼咁（那么），十分之（十分），极之（极）

相当之（相当），非常之（非常），稍为（稍微），净（光、只有），净系（只是、光是)，差唔多（差不多），只不过（不过），即管（尽管），唔单只（不但），不但止（不仅仅），定系（还是），抑或（或者），于是乎（于是），然之后（然后），同（和），为咗（为了），啫（罢了，语气助词）

普通话与粤语日常用语对照：

普通话	粤语
①你好！	你好！
②你叫什么名字？	你叫咩名啊？
③谢谢！	唔该！多谢晒！
④对不起/不好意思。	对唔住/唔好意思。
⑤不好意思打扰你一下。	唔好意思阻你一阵。
⑥在哪里呀？	喺边度呀？
⑦现在是两点。	宜家系两点。
⑧你在干什么？	你喺度做乜啊？
⑨你吃饭了没？	你食咗饭未啊？

七、闽方言

闽方言又称闽语，俗称“福佬话”，是汉语七大方言中语言现象最复杂、内部分歧最大的一个方言。闽方言主要通行于福建、广东、台湾三省和浙江省南部以及江西、广西、江苏三省的个别地区。使用人口约 4000 万，占总人口的 5.7%。

主要语言特征：

语音方面：

①声母：各地闽方言的声母比较一致，大都只有 15 个，称为“十五音”系统。不少声母保留了上古汉语的特点。

a. 没有唇齿声母 f，古非敷奉声母字口语中一部分读为 p—、读书音则为 h—（或 x—），即所谓“轻唇归重唇”。

b. 古知彻澄声母字，多读 t—，即所谓“舌上归舌头”。

c. 古全浊声母并奉定从澄群字多读为不送气清音声母，少数读为送气的也很一致。

d. 古匣母部分字闽方言口语读为 k—或零声母。

e. 古照组声母字与古精组字混读。

②韵母：闽方言各地在韵母方面存在着较大的差别。

a. 闽方言的韵母不同程度地保留了古音中的鼻音韵尾和塞声韵尾。其中闽南方言保留较为完整，闽东方言、莆仙方言保留较少，闽北方言和闽中方言则几乎已无塞声尾韵而只有鼻音尾韵了。

b. 闽方言中不同程度地存在着文、白异读现象，闽南方言特别突出，几乎文、白两读各成系统。

c. 闽方言不少地区（尤其是闽南方言）有丰富的鼻化韵。

d. 闽方言不少地区没有撮口呼韵母。如闽南方言中的厦门、潮州、台北等地都没

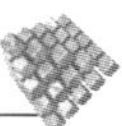

有 y−韵。

e. 闽方言中部分地区存在着“双韵尾”的现象，主要表现在闽东、闽北、闽中三个方言区。

③声调：闽方言各地都有入声调，声调数目 6—8 个，以 7 个为多见。闽南方言的潮州话有八声：平、上、去、入各分阴、阳；闽北建瓯话、闽中永安话都只有六声：闽北是平、上不分阴阳，而去、入分阴阳；闽中是平、上分阴阳而去、入不分阴阳。七个声调的地方遍布闽南方言的厦门、台北、海南、浙南等地和莆仙方言的莆田、仙游，以及闽东方言的福州、福安等地。闽方言中还普遍存在着复杂的音变现象，其中闽南方言、闽中方言有相当整齐的连读变调规律，闽东方言、莆仙方言在连读时音变涉及声母、韵母的变化。

词汇方面：闽方言有一大批属于本方言区常见而其他方言少见的方言词。这些方言词有两个特点：一是继承古代的语词多，二是单音节词多。例如“卵”（蛋）、“目”（眼睛）、“涂”（泥土）、“曝”（晒）、“拍”（打）等，都可以从古籍中找到出处，也都是单音节词。此外，也有一部分闽方言词借自外语。这些外来词大都借自印度尼西亚−马来语，形成了闽方言词汇中的独特词汇。例如厦门话“雪文”（肥皂）来自 sabon，“道郎”（帮助）来自 tolong，“洞葛”（手杖）来自 tongkat，“斟”（接吻）来自 chium。也有一些来历不易判明的方言词，例如“扬”（抽打）等。

在闽方言的五个片中，有许多方言词是各片共有的，但也有不少方言词只存在于某一些地方。大致说来，在五个闽方言片中，闽东、闽南、莆仙三个沿海片词汇上比较一致；而闽北、闽中两个片，则有不少和闽东、闽南、莆仙不一样的语词。

语法方面：

①名词附加成分的运用。

②人称代词单复数的运用。

③数词“一”和指示词“这”、“那”的省略。量词前面的数词“一”或指示代词“这”、“那”在闽方言中往往可以省略，量词直接与名词组合。例如潮州话：“张画雅绝”（这张画很漂亮），“只鸡肥死”（这只鸡很肥）。与此相关，指示代词“这”、“那”不能直接修饰名词，如普通话“这人很好”在闽方言中说成“只个人很好”，不能说“只人很好”；同样，“这书”也只能说“只本书”，不能说“只书”。

④形容词−量词−名词的结构形式在闽方言各地普遍存在，但能和量词直接组合的形容词不多，最常用的是“大”和“细”（小）。例如厦门话“大只牛”、“细泡灯”等。

⑤动词“有”的特殊用法。闽方言动词“有”的用法很多，其中之一是放在动词的前面，表示完成时态。例如：福州话“我有收着汝个批”（我收到了你的信），厦门话“伊有食我无食”（他吃了我没吃），台北话“我有买”（我买了），潮州话“你有睇电影阿无”（你看了电影没有）。

⑥宾语提前的现象比较常见。如“苹果买两斤”（买两斤苹果）的说法就很普遍。普通话“主语−动词−宾语”的句式在闽方言中常加上一个介词“共”（或“甲”），并把宾语提到动词前面，例如“我共汝讲”（我告诉你）。

⑦动词“去”常用作补语，表示动作行为已成为结果，相当于“已经”的意思。例

如："飞去了"（已经飞了），"死去了"（已经死了），"碗破去了"（碗已经破了）。

⑧特殊的比较方式。闽方言的比较句有特别的结构，福建、台湾的闽方言多用"甲－较－形容词－乙"表示，如厦门话"伊较悬（高）我"，台北话"高雄较大新竹"。也有简单一点的表达方式："甲－形容词－乙"，如福州话"伊悬（高）我"。广东省内的闽方言（潮州话、海南话）比较的方式略有不同："甲－形容词－过－乙"，如潮州话"牛大过猪"。闽方言的等式比较，常用形容词"平"的重叠来表示"一样"，如"我共伊平平悬"（我跟他一样高）。

⑨"把"字句的表达方式。闽方言"把"字句的表达方式是把宾语提到最前面，后面跟一个"甲伊"（把它），即："宾语－甲伊－动词"，闽南方言片各地普遍通行这种说法。

第二节　中国最难懂的方言排名

排名第一：温州话

不知大家有没有听说过这样一句话，说是"天不怕地不怕，就怕温州人说'鬼话'"。这里的"鬼话"并不是侮辱温州人的意思，据说在抗日战争中，八路军部队相互之间联系由于保密需要，都是派两个温州人进行电话或者步话机联系，而日本人的情报部门，总是翻译不出这发音极其复杂的温州话。可以说当时的温州人就像美国大片中的风语者一样，为抗战胜利起到了相当大的作用。所以说"鬼话"并不是说温州人说的话是鬼话，而是日本人听不懂的话。通过这个我们就可以了解到温州话有多么难懂。

所以温州话排名十大难懂方言第一位，难懂指数 10，上口指数 1。

排名第二：广东话

广东话现在流传广泛。

很多人都会说几句简单的广东话，但是把广东话排名第二的原因是广东话不只有自己独特的发音，还有自己的文字，而且在广州的公交车上都是先用广东话再用普通话进行报站的，有些广东人包括部分香港人甚至听不懂普通话。这足以说明广东话与普通话的差别之大，而且广东人很保护自己的方言，只要有可能他们都会尽量使用自己的方言。

广东话难懂指数 9.5，上口指数 3。

排名第三：苏州话

苏州话体现了浓浓的古意和一种书卷气。苏州人说"不"为"弗"，句子结尾的语气词不用"了"而用"哉"，人们听见苏州话会有一种亲切感。苏州话历来被称为"吴侬软语"，其最大的特点就是"软"，尤其女孩子说来更为动听。在同属吴方言语系的其他几种方言中，宁波话等都不如苏州话来得温软。有句俗话说"宁愿听苏州人吵架，也不听宁波人说话"，充分说明了苏州话这个"软"字。

苏州话难懂指数 8，上口指数 4。

并列排名第三：闽南话

闽南话的流播不只在闽南地区，而是早已超过省界和国界。在外省传播闽南话最广

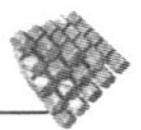

的是台湾，台湾岛上，除了高山族地区外，差不多都通行着近于漳州腔和泉州腔的闽南话。估计没有语言天赋的人，就是在福建待上一辈子可能都听不懂闽南话，闽南话是汉语七大方言中语言现象最复杂、内部分歧最大的一个方言。

闽南话难懂指数 9，上口指数 3。

排名第四：上海话

上海话和浙江的杭州话以及宁波话多少有些相似的地方。

上海话难懂指数 7.5，上口指数 6。

排名第五：陕西话

陕西是中华民族古代文化的发祥地之一，陕西方言得天独厚、博大精深，从这些方言中我们既可以窥视到古老的华夏文化的发展轨迹，又可领略到令人溢于言表的真情实感。由于陕西地理特点是东西狭南北长，因此各地方言土语大不相同，甚至同一句话，因咬音轻重、语速缓急不同而内容含义不同。

陕西话难懂指数 6.5，上口指数 6。

排名第六：长沙方言

长沙是湖南的省会，是全省政治、经济和文化的中心，而且人口众多、交通便利，因此长沙方言从古至今一直受北方方言的影响，与普通话差距较小。长沙方言使用人口约占汉族总人口的 5%，因此，它在汉语方言中占有重要的地位。湖南是个出伟人的地方，而且《红楼梦》里面都透露出分明的湖南方言语境。

长沙话作为湖南话的代表排名第七，难懂指数 6，上口指数 6。

排名第七：四川话

四川话在西南地区有很大的影响，属于汉语北方方言西南官话的一个分支，语音、词汇、语法等和普通话有很大的一致性。四川话也有自己不同的特点，而以语音方面的差异最大。四川话语音系统共有 20 个声母、36 个韵母、4 个声调，还有韵母儿化现象。由于四川人口众多，而且外出打工的人也很多，因此四川方言被很多人熟知。

四川话难懂指数 5，上口指数 6。

排名第八：山东话

山东胶东半岛的城市说话发音和东北的大连话相当接近，一般人都能够听得懂，但要是到了潍坊等内陆城市，其地方方言就有些晦涩难懂了。山东话因其独特的发音，总是让人觉得很土，但是听久了就会感觉到齐鲁大地深厚的文化底蕴正是通过这浓厚的山东味体现出来的，别忘了当年孔子、孟子说的也都是山东话啊！

山东话难懂指数 4，上口指数 7。

排名第九：天津话

天津话可以说从骨子里就透着那种天津人的幽默，相声艺术中经常使用到天津话以达到更好的搞笑效果。天津话基本上没有什么让人听不懂的字词，但是由于天津话发音音调和普通话差别很大，要是说话语速过快，还是让人听不懂。

天津话难懂指数 3，上口指数 7。

排名第十：东北话

东北话可以说是跟普通话发音最为接近的方言了，而且随着赵本山等小品演员的大力普及，可以说已经是家喻户晓，不管老人还是孩子都能吆喝出几句，而且东北话从发音上就能体现出东北人憨直豪放的性格，容易得到大家的认可。但是东北话有很多分支，比如大连话、沈阳话等，最标准的东北话还是在铁岭朝阳一带。东北话有个别字词的发音还是让外地人很难听懂，但是这样的字词在东北话里并不常使用。

东北话难懂指数 2，上口指数 9。

第三章　普通话语音基础知识

第一节　汉语拼音方案

《汉语拼音方案》是中华人民共和国的法定拼音方案，于 1955 至 1957 年由中国文字改革委员会"汉语拼音方案委员会"研究制订，1958 年 2 月 11 日全国人民代表大会批准公布，1982 年国际标准化组织承认该方案为拼写汉语的国际标准。

一、字母表

字母	名称	字母	名称
Aa	ㄚ	Nn	ㄋㄝ
Bb	ㄅㄝ	Oo	ㄛ
Cc	ㄘㄝ	Pp	ㄆㄝ
Dd	ㄉㄝ	Qq	ㄑㄧㄡ
Ee	ㄜ	Rr	ㄚㄦ
Ff	ㄝㄈ	Ss	ㄝㄙ
Gg	ㄍㄝ	Tt	ㄊㄝ
Hh	ㄏㄚ	Uu	ㄨ
Ii	ㄧ	Vv	ㄪㄝ
Jj	ㄐㄧㄝ	Ww	ㄨㄚ
Kk	ㄎㄝ	Xx	ㄒㄧ
Ll	ㄝㄌ	Yy	ㄧㄚ
Mm	ㄝㄇ	Zz	ㄗㄝ

二、声母表

b	p	m	f	d	t	n	l
ㄅ玻	ㄆ坡	ㄇ摸	ㄈ佛	ㄉ得	ㄊ特	ㄋ讷	ㄌ勒

g	k	h	j	q	x
ㄍ哥	ㄎ科	ㄏ喝	ㄐ基	ㄑ欺	ㄒ希

zh	ch	sh	r	z	c	s
ㄓ知	ㄔ蚩	ㄕ诗	ㄖ日	ㄗ资	ㄘ雌	ㄙ思

三、韵母表

	i ㄧ 衣	u ㄨ 乌	ü ㄩ 迂
a ㄚ 啊	ia ㄧㄚ 呀	ua ㄨㄚ 蛙	
o ㄛ 喔		uo ㄨㄛ 窝	
e ㄜ 鹅	ie ㄧㄝ 耶		üe ㄩㄝ约
ai ㄞ 哀		uai ㄨㄞ 歪	
ei ㄟ 诶		uei ㄨㄟ 威	
ao ㄠ 熬	iao ㄧㄠ 腰		
ou ㄡ 欧	iou ㄡ 忧		
an ㄢ 安	ian ㄧㄢ 烟	uan ㄨㄢ 弯	üan ㄩㄢ 冤
en ㄣ 恩	in ㄧㄣ 因	uen ㄨㄣ 温	ün ㄩㄣ 晕
ang ㄤ 昂	iang ㄧㄤ 央	uang ㄨㄤ 汪	
eng ㄥ 亨的韵母	ing ㄧㄥ 英	ueng ㄨㄥ 翁	
ong ㄨㄥ轰的韵母	iong ㄩㄥ 雍		

①“知、蚩、诗、日、资、雌、思”等字的韵母用 i。

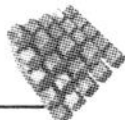

②韵母儿写成 er，用作韵尾的时候写成 r。

③韵母ㄝ单用的时候写成 ê。

④i 行的韵母，前面没有声母的时候，写成 yi（衣）、ya（呀）、ye（耶）、yāo（腰）、you（忧）、yān（烟）、yin（因）、yang（央）、ying（英）、yong（雍）。u 行的韵母，前面没有声母的时候，写成 wu（乌）、wa（蛙）、wo（窝）、wai（歪）、wei（威）、wan（弯）、wen（温）、wang（汪）、weng（翁）。ü 行的韵母跟声母 j、q、x 拼的时候，写成 ju（居）、qu（区）、xu（虚），ü 上两点也省略；但是跟声母 l、n 拼的时候，仍然写成 lü（吕）、nü（女）。

⑤iou、uei、uen 前面加声母的时候，写成 iu、ui、un，例如 niu（牛）、gui（归）、lun（论）。

四、声调符号

阴平	阳平	上声	去声
—	/	V	\

声调符号标在音节的主要母音上，轻声不标调。

例如：

妈 mā	麻 má	马 mǎ	骂 mà	吗 ma
阴平	阳平	上声	去声	轻声

五、隔音符号

a、o、e 开头的音节连接在其他音节后面的时候，如果音节的界限发生混淆，用隔音符号（'）隔开，例如 pi'ao（皮袄）。

第二节　声　母

一、声母

声母是一个音节开头的辅音，普通话共有 21 个辅音声母。由元音构成的章节没有辅音声母，叫做“零声母单音节”，如：爱（ài）、恩（ēn）、偶（ǒu）、叶（yè）、烟（yān）、吴（wú）、约（yuē）、晕（yūn）、原（yuán）。

二、声母发音部位

发音部位是指发辅音时气流受到阻碍的部位。普通话 21 个声母的发音部位可以分为 7 类：

①双唇音 3 个：b、p、m（上唇和下唇构成阻碍）；

②唇齿音 1 个：f（上齿和下唇构成阻碍）；

③舌尖前音 3 个：z、c、s（舌尖与上齿背构成阻碍）；
④舌尖中音 4 个：d、t、n、l（舌尖与上齿龈构成阻碍）；
⑤舌尖后音 4 个：zh、ch、sh、r（舌尖与硬腭前沿构成阻碍）；
⑥舌面音 3 个：j、q、x（舌面前与前硬腭构成阻碍）；
⑦舌根音 3 个：g、k、h（舌面后与软腭构成阻碍）。

三、声母的发音部位图

<table>
<tr><td>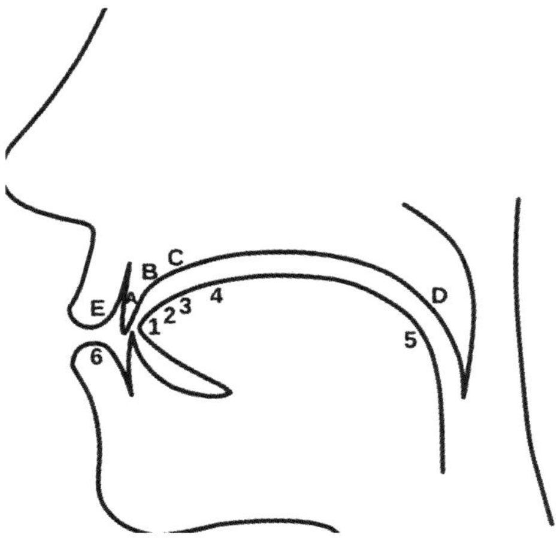
</td><td>1. 舌尖前　2. 舌尖中
3. 舌尖后　4. 舌面前
5. 舌面后（舌根）　6. 下唇
A. 上齿　B. 上齿龈
C. 硬腭前部
D. 硬腭软腭交界位置
E. 上唇</td></tr>
<tr><td>发音部位（及方法）</td><td>所发声母</td></tr>
<tr><td>1—A 舌尖前（舌尖 1 抵住上齿背 A）</td><td>z c s</td></tr>
<tr><td>2—B 舌尖中（舌尖中 2 抵住上齿龈 B）</td><td>d t n l</td></tr>
<tr><td>3—C 舌尖后（舌尖后 3 抵住硬腭前部 C）</td><td>zh ch sh r</td></tr>
<tr><td>4—C 舌面前（舌面前部 4 接触硬腭前部 C，舌尖抵住下齿背）</td><td>j q x</td></tr>
<tr><td>5—D 舌面后（舌根）（舌面后 5 抵住硬腭和软腭交界位置 D）</td><td>g k h ng</td></tr>
<tr><td>6—A 唇齿（上齿 A 轻碰下唇 6）</td><td>f</td></tr>
<tr><td>6—E 双唇（上下唇 E 和 6 先合上后发音）</td><td>b p m</td></tr>
</table>

第三节　韵　母

一、韵母

韵母是一个音节声母后面的部分。普通话的韵母有 39 个。大多数韵母由元音构成，也有部分是由元音和鼻辅音构成。

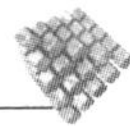

二、韵母分类

（一）普通话里的韵母按其结构可分为单韵母、复韵母、鼻韵母三大类

1. 单韵母（10个）

a、o、e、ê、i、u、ü、er（卷舌元音）、-i［ʅ］、-i［ɿ］。

2. 复韵母（13个）

ai、ei、ao、ou、ia、ie、uo、ua、üe、iao、iou、uai、uei。

3. 鼻韵母（16个）

①前鼻韵母：an、en、in、ün、ian、uan、üan、uen。

②后鼻韵母：ang、eng、ing、ong、iang、uang、ueng、iong。

（二）按元音开口口形可分为“开口呼”、“齐齿呼”、“撮口呼”、“合口呼”四大类，习惯上简称普通话韵母的“四呼”

1. 开口呼韵母（15个）

指没韵头，韵腹又不是 i、u、ü 的韵母，如：a、o、e、ai、ei、ao、ou、an、en、ang、eng、ê、-i［ʅ］、-i［ɿ］、er。

2. 齐齿呼韵母（9个）

指韵头或韵腹是 i 的韵母，如：i、ia、ie、iao、iou、ian、in、iang、ing。

3. 合口呼韵母（10个）

指韵头或韵腹是 u 的韵母，如 u、ua、uo、uai、uei、uan、uen、uang、ueng、ong。

4. 撮口呼韵母（5个）

指韵头或韵腹是 ü 的韵母，如 ü、üe、üan、ün、iong。

注：韵母 ong、iong 在汉语拼音方案中根据开头的字母列入 a 行和 i 行，在四呼中则根据实际语音分别归入合口呼和撮口呼。

第四节　声　调

声调指一个音节的高低升降的变化，具有区别意义的作用。音高的变化决定声调的性质，声调包括调值和调类两个方面。

一、调类和调值

调类是指声调的各类。普通话有 4 种调类，即：阴平（—）、阳平（/）、上声（V）、去声（\）。

调值指声调的实际读法，也就是音节高低升降变化的具体形式。

调值是由音高决定的，通常用五度标记法来标记声调。就是把一条竖线四等分，得到五个点，自下而上定为五度：1 度是低音，2 度是半低音，3 度是中音，4 度是半高音，5 度是高音。表示一个人正常音高中所发出的最低音是 1 度，最高音是 5 度，中间的音分别是 2 度、3 度和 4 度。

1. 阴平调

高而平，叫高平调。调值发音时由 5 度到 5 度，简称 55。例如：花、杀、倾、先、风。

2. 阳平调

由中音升到高音，叫中升调。调值由 3 度到 5 度，简称 35。例如：阳、潜、平、求、河。

3. 上声调

由半低音降到低音再升到半高音，叫降升调。调值由 2 度降到 1 度，再升到 4 度，简称 214。例如：老、塔、甲、鄙、烤。

4. 去声调

由高音降到低音，叫全降调。调值由 5 度到 1 度，简称 51。例如：去、睡、砌、内、盾。

二、变调

音节和音节相连时，有的音节的调值会发生有规律的变化，这种变化叫做变调。变调是汉语许多方言都有的现象，最常见的变调是前面音节的调值受后面音节调值的影响而产生音变。

（一）上声的变调

读单音节字词时或在词末、句末时念原调全上，调值 214。

如：好　不好　白马

在非上声字前变读半上，调值 211。

如：好听　好玩　好笑

在上声字前变读阳平，调值 35。

如：好（háo）丑（chǒu）　橄（gán）榄（lǎn）

拇（mú）指（zhǐ）

（二）“一”的变调

作基数词、序数词或在词末句末念原调阴平。

如：第一　一九八一年　一、二、三　始终如一

在去声前变阳平，在非去声前变去声。

如：一（yì）双　一（yì）瓶　一（yì）碗　一（yí）对

夹在单音动词中间读轻声。

如：看一看　瞧一瞧　说一说　动一动

（三）“不”的变调

单念、词末句末或在非去声前念原调去声。

如：不（bù）！　我偏不（bù）！　不（bù）分　不（bù）平　不（bù）好

在去声前变阳平。

如：不（bú）对　不（bú）去

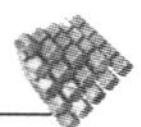

夹在词语中间读轻声。

如：好不好　说不听　看不到

（四）“啊”的音变

“啊”附着在句子的末尾是语气助词。其读音受前一个音节末尾音素的影响而有所不同，是一种增音现象（包括同化增音和异化增音）。在不同的语音环境中，“啊”的读音有不同的变化形式。另外，“啊”的不同读音，可用相应的汉字来表示。

①前面音节的末尾音素是 a、o、e、i、ü、ê 的，读做“呀”（ya）。

快去找他啊（tāya）！

你去说啊（shuōya）！

今天好热啊（rèya）！

你可要拿定主意啊（yìya）！

我来买些鱼啊（yúya）！

赶紧向他道谢啊（xièya）！

②前面音节的末尾音素是 u、ao、iao 的，读做“哇”（wa）。

你在哪里住啊（zhùwa）?

他人挺好啊（hǎowa）！

口气可真不小啊（xiǎowa）！

③前面音节的末尾音素是 n 的，读做“哪”（na）。

早晨的空气多清新啊（xīnna）！

多好的人啊（rénna）！

你猜得真准啊（zhǔnna）！

④前面音节的末尾音素是 ng 的，读做“啊”（ngc）。

这幅图真漂亮啊（liàngnga）！

注意听啊（tīngnga）！

最近太忙啊（mángnga）！

⑤前面音节的末尾音素是的－i（前）的，读做“啊”（za）；前面音节的末尾音素是的－i（后）的，读做“啊”（ra）。

今天来回几次啊（cìza）！

你有什么事啊（shìra）！

你怎么撕了一地纸啊（zhǐra）！

掌握“啊”的变读规律，并不需要一一硬记，只要将前一个音节顺势连读“a”（像念声母与韵母拼音一样，其间不要停顿），自然就会念出“a”的变音来。

用汉语拼音拼写音节时，“啊”仍写做 a，不必写出音变情况。

（五）儿化

儿化指的是后缀“儿”与前一个音节的韵母合成一个音节，并使这个韵母带上卷舌的一种特殊音变现象。儿化后的韵母称“儿化韵”。带儿化的韵母的音节，一般用两个汉字来表示。用汉语音字母写这些儿化音节，只需在原来的音节之后加上“r”。

1. 儿化的作用

儿化在表达词语的语法意义和修辞色彩上都起着积极的作用。

①区别词性：

盖（动词）——盖儿（名词）

个（量词）——个儿（名词）

②区别词义：

信（信件）——信儿（消息）

末（最后）——末儿（细碎的或呈粉状的东西）

③表示喜爱温婉的感情色彩：

小曲儿、来玩儿、大婶儿、慢慢儿走

④表示细、小、轻、微的性状：

小鱼儿、门缝儿、一会儿、办事儿

2. 儿化韵的发音

①韵母为 a、o、e、u 的音节，儿化后主要元音基本不变，后面直接加上表示卷舌动作的“r”：

号码儿 hàomǎr　山坡儿 shānpōr　饭盒儿 fànhér

②韵母 ia、ua、ao、ou、uo 和 iao、iou 等，儿化后主要元音或韵尾基本不变，直接加“r”：

一下儿 yīxiàr　鲜花儿 xiānhuār　手稿儿 shǒugǎor

知了儿 zhīliǎor　小牛儿 xiǎoniúr　小说儿 xiǎoshuōr

③韵母 i、ü 儿化后在原韵母之后加上 er，i、ü 仍保留：

小米儿 xiǎomǐr 读做 xiǎomiěr

有趣儿 yǒuqùr 读做 yǒuquèr

④韵母-i（前、后）儿化后失去原韵母，加 er：

戏词儿 xìcír 读做 xìcér

果汁儿 guǒzhīr 读做 guǒzhēr

⑤以 i 或 n 为韵尾的韵母，儿化后丢掉韵尾，主要元音后面加 r：

一块儿 yīkuàir 读做 yīkuàr

树根儿 shùgēnr 读做 shùgēr

饭馆儿 fànguǎnr 读做 fànguǎr

冰棍儿 bīnggùnr 读做 bīnggùr

⑥以 ng 为韵尾的韵母，儿化后丢掉韵尾 ng，主要元音鼻化，同时在鼻化元音后加上 r：

瓜瓤儿 guārángr 读做 guārár

板凳儿 bǎndèngr 读做 bǎndèr

⑦韵母 in、ün 儿化后，丢掉韵尾 n，主要元音保留，后面加上 er；韵母 ing 儿化后，丢掉韵尾 ng，主要元音保留，后面另上鼻化的 er：

手印儿 shǒuyìnr 读做 shǒuyier

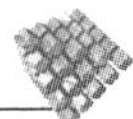

花裙儿 huāqúnr 读做 huāquer

花瓶儿 huāpíngr 读做 huāpier

（六）轻声

普通话音节都有一个固定的声调，可是某些音节在词和句子中失去了它原有的声调，读成一种轻短模糊的调子，甚至声、韵母也发生了变化，这就是轻声。普通话的轻声是一种特殊的音变现象。

1. 轻声的作用

普通话里有些词或词组靠轻声音节与非轻声音节区别意义和词性。

兄弟 xiōngdì（［名］哥哥和弟弟）　兄弟 xiōngdi（［名］弟弟）

言语 yányǔ（［名］指所说的话）　言语 yányu（［动］开口；招呼）

运气 yùnqì（词组，武术、气功的一种炼身方法）　运气 yùqi（［名］幸运）

2. 轻声的规律

普通话多数轻声同词汇、语法有密切联系。

①语气助词“吗、呢、啊、吧”等：

是吗　他呢　看啊　走吧

②助词“着、了、过、的、地、得、们”：

看过　忙着　来了　我的　勇敢地　喝得　朋友们

③名词的后缀“子、头”：

桌子　椅子　木头　石头

④方位词：

墙上　河里　天上　地下　底下　那边

⑤叠音词和动词的重叠形式后面的字

说说　想想　弟弟　奶奶　谈谈　跳跳

⑥表示趋向的动词：

出来　进去　站　起来　走　进来　取　回来

⑦某些常用的双音节词的第二个音节习惯上读轻声：

明白　暖和　萝卜　玻璃　葡萄　知道　事情　衣服　眼睛

中篇　普通话口语交际训练

第四章 自我介绍

【训练主题】 学会语言名片设计，使自我介绍的语言具体化、形象化、幽默化。

【训练目标】

1. 培养学生口语交际的能力，具备自我介绍能力。
2. 让学生掌握一定的自我介绍技巧。

【相关知识】

对于职高生来说，口语表达能力是一项必备的职业能力。语文作为职高生的一门基础科目，在训练职高生的表达能力方面，具有不可推卸的责任。自我介绍是一个未来职业人就业上岗、立足社会的第一关，自我介绍的优劣关系到留给他人第一印象的好坏，因此，开展自我介绍的训练十分必要。

一、自我介绍前要考虑的内容

①考虑自我介绍的目的。

②考虑对方的倾听兴趣与需求。

③考虑自身的优势与不足。

④考虑介绍内容的先后顺序。

⑤考虑介绍时的环境特点。

二、自我介绍通常要介绍哪些内容

姓名、年龄、籍贯、学历（简历）、特长、兴趣、个性、就读学校（工作单位）、主要观点、成绩等。

三、自我介绍怎样才能在对方心中留下深刻的印象

①姓名：拆字、析含义、道来历……

②特长、兴趣：事例化、形象化……

③个性、思想：具体化、故事化……

④语言：优美化、幽默化……

四、下面是有关自我介绍的几种实例，请分析每种方式的特点

①我叫张莉，弓长张，茉莉花的莉。到今年 12 月 17 日满 16 岁。我性格开朗，爱好广泛，特别喜欢唱歌、跳舞、读小说。我愿意和同学们友好相处，共同进步。

②我叫王鹏飞。大家选我当班长，我感到很荣幸。父母希望我如大鹏展翅，扶摇万里，我却希望我们的班集体能乘风直上、奋勇腾飞。

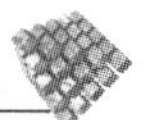

③我叫李洁。我的名字多少反映出我的特点：爱好整齐、清洁。也许正因为这一点，我当上了生活委员。生活委员的日常工作是代同学们热饭、买饭票和组织值日、扫除。当我为同学们做了一点事的时候，我并不期望听到“李洁（理解）”万岁的欢呼；当我因做值日和同学发生摩擦的时候，我衷心希望李洁能得到“理解”。

④我叫高威武，身高 1.63 米，又干又瘦，实在是既不高也不威武。但是我身上 207 块傲骨一块也不缺，丝毫也不为自己的形象自卑。如果有谁坚持以貌取人，我倒愿意在围棋上同他较量较量，以证明我的大脑并无缺憾。

⑤百家姓中我为先，诗圣大名在中间，再选屈原一个字，加在姓名最后边。抗日战争得胜利，我出生前三十年。赤橙黄绿青蓝紫，是我业余好伙伴。

⑥我父亲姓贾，我妈常叫我继兴，我的小名有失文雅，并且已成为我奶奶的专利，恕不奉告。本人以记忆力超群而自豪，遗憾的是老记不准历史年代，于是乎同学们无意中就把我叫做“假记性”。不过，我得提醒各位，谁要是说了我的坏话，我能记他一辈子。

⑦一位工人诗人这样自我介绍：“一个胸藏锦绣的黑脸大汉，一个朋友如潮的孤独者，一个人人认为他自信、幽默，而他内心却时时产生危机感的年轻人——这就是我，刘长青，爱诗歌的大桥工人。”

⑧一位配音演员这样自我介绍：“我可以这样说话——（瓮声瓮气）猴哥，哪儿有妖怪！我还可以这样话话——（尖声尖气）八戒，她就是妖怪！我还可以这样说话——（女声女气）长老，快救救小女子。以上是我，配音演员于民的说话方式。”

五、自我介绍的延伸拓展

介绍分自我介绍与居中介绍。自我介绍意在把自己介绍给别人，居中介绍则意在把他人介绍给他人。介绍他人时，要把其姓名、职务、特长等交代清楚。居中介绍时要遵循下列的原则和方法：

①先把男士介绍给女士。即在介绍时，先提女士的名字，然后再提男士的名字。如：“王小姐，我来介绍一下，这位是张先生。”如果男士年龄比女士大得多，则应先介绍女士给男士。

②先把职位低的介绍给职位高的人。如：“王市长，请允许我介绍一下，这位是李厂长。”

③先把晚辈介绍给长辈。如：“李阿姨，这是我的弟弟王冬。”

④当把一个人介绍给一群人时，一般应介绍这个人的姓名等，然后按顺序依次介绍人群中的每个人。

无论是自我介绍还是居中介绍，介绍时都应热情大方、自信、语言清晰、主次分明，避免出现“误导”现象。

【训练步骤】

1. 仿照自我介绍实例写好自我介绍稿。
2. 互相帮忙修改自我介绍稿。

3. 脱稿上台自我介绍。

4. 学生、老师分别进行点评。

【训练题目】

1. 假若你在公交车上，刚好遇到了你的新英语老师，而且她带着她那不到3岁的孩子。你怎么跟她作自我介绍？

2. 你来到一个新的班级，老师让你作一个自我介绍，你怎么说呢？

3. 你在一个新交的朋友家客厅看电视，朋友去厨房为你倒开水。这时，他爸爸回来了，你怎么介绍你自己？

4. 放暑假了，你想去打工体验一下生活，看到一家餐馆招服务员，你来到了餐馆人事部，你怎么作自我介绍？

5. 来到了一个新的学校，有了新的同桌，请你们相互作一个内容较为丰富的自我介绍。

第五章　感悟军训

【训练主题】学会生活，学会感悟。

【训练目标】

1. 让学生从军训中感悟生活。
2. 让学生从军训中学会学习、学会生活。
3. 让学生分享学生的成长经验。
4. 锻炼学生的表达能力、说话能力。

【相关知识】

山没有悬崖峭壁就不再险峻，海没有惊涛骇浪就不再壮阔，河没有跌宕起伏就不再壮美，人生没有挫折磨难就不再坚强。樱花如果没有百花争艳我先开的气魄，就不会成为美丽春天里的一枝独秀；荷花如果没有出淤泥而不染的意志，就不会成为炎炎夏日里的一位君子；梅花如果没有傲立霜雪的勇气，就不会成为残酷冬日里的一道亮丽风景；人如果没有坚持到底的毅力，就不会成为紧张军训中的一颗亮星。

军训是人生中难忘的一堂课，是人生中受益匪浅的一堂课，在这堂课里，有酸、甜、苦、辣，也有很多的话想说。

例文 1：

军训一开始，同学们个个神采飞扬，对军训充满了好奇。可是到了第二天、第三天、第四天，问题来了。有的同学开始发牢骚，抱怨声便接连不断，一些同学向教官提出意见，有的甚至想逃避训练。这些都反映出我们平时的生活太顺畅，几乎是衣来伸手、饭来张口，缺少了那份同龄人应有的能力。这正是我们必须提高的自身素质。我们应该锻炼自己吃苦的素质，在军训中磨炼自己。

军训今天就圆满结束了。回想起这些日子，我感慨良多。“宝剑锋从磨砺出，梅花香自苦寒来”是军训的体会。“千磨万击还坚劲，任尔东西南北风”是军训的结果。军训的感悟是需要用心去体会的，它教会了我们对别人的关爱，它加深了我们对保卫祖国的责任的理解，它告诉了我们面对困难应有的态度。我们至少不再是娇滴滴的孩子，不再是好哭的小姑娘。我知道面对高峰，我们须自己去搭造阶梯；遇到山崖，我们要自己去连结绳索。我们的命运在自己的手中，只是看是否去把握！

军训的生活，为我的人生画上了一道美丽的色彩。汗水与泪水交织着。汗水，浇开英雄花，它磨炼我的意志，让我时刻不懈、事事不怠；泪水，让我感动，每一个细节、每一位队友都使我衷心地感动。这些都是我生命中的一笔财富。

军训，是我迈向人生殿堂时最昂贵的一份礼物，既给予我强壮的身体，让我吃苦耐劳，也给予我坚强的精神，让我顽强拼搏，它将使我终生受益。这一份优厚的礼物，我会永远铭记，因为有了它的存在，我的明天会更好！

例文 2：

十天艰苦的军训必将在我们人生的里程中留下难以磨灭的记忆。我们一定会把在军训中形成的好习惯继续坚持下去，把学习到的好思想、好作风继续发扬下去，贯彻到我们的整个人生历程中。

伴随着洪亮、严厉的哨声，迈着年轻而有力的步伐，我们开始了军训。不容质疑，军训很苦很累，但这是一种人生体验，是战胜自我、锻炼意志的最佳良机。在烈日酷暑下暴晒，皮肤变得黑黝黝的，心里虽有说不出的酸甜苦辣，然而现在想想，这何尝不是一种快乐，它增添了一种更好地朝人生目标前进的勇气，更增添了一份完善自我的信心。

军训不但培养我们吃苦耐劳的精神，而且能磨炼我们的坚强意志。苏轼有句话："古之立大事者，不惟有超世之才，亦必有坚韧不拔之志。"这句话的意思是成功的大门从来都是为意志坚强的人敞开，甚至可以说是只向意志坚定的人敞开。

军训让我们非常难忘，虽然很苦，但我们很享受这个过程。我们庆幸自己有这样优秀的教官，他们教会我们的不仅仅是如何走齐步、踢正步、打军拳，从教官们身上我们更看到了一种极其朴素的精神——坚韧不屈。

经过这次短暂、艰苦而又难忘的军训，我们少了份娇气，多了份坚强；少了份依赖，多了份自强；少了份抱怨，多了份勇气，同时也懂得了自制、自爱、自理和自强。

【训练步骤】

1. 先围绕军训的主题，让学生思考发言内容。
2. 每个学生都上讲台发言。
3. 教师进行点评。

在训练前，教师可以讲讲自己的军训感悟或者讲讲自己对军训的一些看法，在讲解的过程中可以结合一些军训照片，让学生触景生情。

【训练题目】

1. 军训中最难忘的一件事
2. 从军训中我学会了……
3. 军训感想
4. 军训的收获
5. 可爱的战友

第六章　感谢师恩

【训练主题】学会感恩。

【训练目标】

1. 让学生学会感谢、珍惜和感恩。

2. 让学生们认识到“感恩”是一种美德，是一种生活态度，是做人的修养和道德准则。

3. 让学生在口语训练中受到感恩教育。

【相关知识】

这个世界上，有一些人，他们是除了你父母之外最真心希望你有出息的人，甘心情愿为你奉献，对你的错误毫不客气地批评，甚至毫不留情，为你的前程毫无保留地付出，甚至是牺牲自己。父母的爱很伟大，可是他们的爱更伟大，父母的爱是给了自己的孩子，而他们的爱却是给了别人的孩子。

他们的工作很普通，但却是用心灵赢得心灵，用灵魂塑造灵魂。他们的名字太平凡——人民教师，这个平凡的名字，却让他们扎根讲台，甘愿奉献。

在教师节即将到来之际，把我们心里的感激说出来，用我们最真挚的语言来表达我们的感恩之心。感谢恩师，让我们没有踏上迷途；感谢恩师，送我们到达美好前程；感谢恩师，感谢成长路上你们的一路相伴！

感谢师恩练习材料：

①您不是演员，却吸引着我们饥渴的目光；您不是歌唱家，却让知识的清泉叮咚作响，唱出迷人的歌曲；您不是雕塑家，却塑造着一批批青年人的灵魂……老师啊，我怎能把您遗忘！

②刻在木板上的名字未必不朽，刻在石头上的名字也未必流芳百世；老师，您的名字刻在我们心灵上，这才真正永存。

③有人说，师恩如山，因为高山巍巍，使人崇敬。我还要说，师恩似海，因为大海浩瀚，无法估量。

④天涯海角有尽处，只有师恩无穷期。感谢您，老师！

⑤鸟儿遇到风雨，躲进它的巢里；我心上有风雨袭来，总是躲在您的怀里——我的师长，您是我遮雨的伞、挡风的墙，我怎能不感谢您！

⑥假如我能搏击蓝天，那是您给了我腾飞的翅膀；假如我是击浪的勇士，那是您给了我弄潮的力量；假如我是不灭的火炬，那是您给了我青春的光亮！

⑦饮其流者怀其源，学其成时念吾师。

⑧不计辛勤一砚寒，桃熟流丹，李熟枝残，种花容易树人难。幽谷飞香不一般，诗满人间，画满人间，英才济济笑开颜。

⑨老师，如果把您比作蚌，那么学生便是蚌里的砂粒；您用爱去舐它，磨它，浸它，洗它……经年累月，砂粒便成了一颗颗珍珠，光彩熠熠。

⑩老师像园丁，桃李满天下；老师像红烛，燃烧自己照亮我们；老师像蜜蜂，勤劳又勇敢；老师像妈妈，美丽而善良；老师像一本书，教给我们很多知识。祝亲爱的老师教师节快乐。

⑪让我怎样感谢你（汪国真）

让我怎样感谢你
当我走向你的时候
我原想收获一缕春风
你却给了我整个春天

让我怎样感谢你
当我走向你的时候
我原想捧起一簇浪花
你却给了我整个海洋

让我怎样感谢你
当我走向你的时候
我原想撷取一枚红叶
你却给了我整个枫林

让我怎样感谢你
当我走向你的时候
我原想亲吻一朵雪花
你却给了我银色的世界

⑫好大一棵树（歌词）

头顶一个天，脚踏一方土
风雨中你昂起头，冰雪压不服
好大一棵树，任你狂风呼
绿叶中留下多少故事，有乐也有苦
欢乐你不笑，痛苦你不哭
撒给大地多少绿荫
那是爱的音符

风是你的歌，云是你脚步

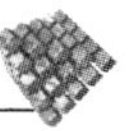

无论白天和黑夜，都为人类造福
好大一棵树，绿色的祝福
你的胸怀在蓝天
深情藏沃土

【训练步骤】

1. 先围绕“感谢师恩”这一主题，让学生写好提纲。
2. 在讲台上发表自己的见解。
3. 教师进行点评。

【训练题目】

1. 以“感谢师恩”为主题，进行训练。
2. 以“难忘师恩”为主题，进行训练。
3. 以“我的老师”为主题，进行训练。

第七章　绕口令

【训练主题】学习绕口令的基本知识，提高语言表达能力。

【训练目标】

1. 让学生学习绕口令的一些基本知识。
2. 让学生在绕口令训练中进一步提高语言表达能力。

【相关知识】

绕口令是我国民间文学中比较独特的语言艺术形式，是一种口头文学形式、一种独特的语言艺术。绕口令是语言训练的好教材，认真练习绕口令可以使头脑反应灵活、用气自如、校正发音、吐字清晰、口齿伶俐，提高口头表达能力，也可作为休闲逗趣的语言游戏。

一、绕口令含义

绕口令，顾名思义，就是一种绕口的小令。它是有意识地将一些声、韵、调极易混同的字交叉重叠编成句子加以组合，形成一种读起来很绕口但又妙趣横生的语言形式。

二、绕口令练习的注意事项

（一）“慢”

慢，指的是节奏要适度，循序渐进，语音要标准，先求标准再求速度。整个段子说得清楚、流利、连贯、完整即可，不必像曲艺演员那样舌如飞簧、快捷如飞。

以“麻妈妈骑马马慢麻妈妈骂马，牛妞妞牵牛牛拗牛妞妞扭牛”这则绕口令为例：

第一步：麻—妈妈—骑马—马慢—麻—妈妈—骂马　牛—妞妞—牵牛—牛拗—牛—妞妞—扭牛；

第二步：麻妈妈骑马—马慢—麻妈妈骂马　牛妞妞牵牛—牛拗—牛妞妞扭牛；

第三步：麻妈妈骑马马慢麻妈妈骂马　牛妞妞牵牛牛拗牛妞妞扭牛。

（二）“准”

准，就是发音准确，吐字清楚，归音要到位恰当。因为一方面，绕口令中有大量的同音异调、字音相近、叠字重句，稍一失误，便会出现差错；另一方面，说绕口令又需要唇、舌、口等器官的整体协调性。舌头的部位、嘴唇的形状、口腔的开闭等，都直接影响着发音的准确与否。因此，学说绕口令，必须要注重一个“准”字。要想做到这一点，就必须加强以下三个方面的锻炼。

首先，进行口腔技巧的初步训练。努力促进唇、舌、齿等部位的灵活程度，这会对说绕口令时音量的大小、气息的呼入、唇舌的力量等方面有所帮助，从而收到良好的训

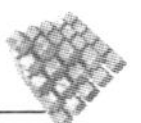

练效果。为此有必要加强几个方面的练习。

①唇舌练习。目的是使双唇和舌头达到一定的灵活性，从而更好地吐字发声。初学的人可找一些字词句反复来读，按照“分读-连读-快读”的步骤进行。以读“噼里啪啦”为例：第一步，噼—里—啪—啦（分读一遍）；第二步，噼里啪啦 噼里啪啦（连读两遍）；第三步，噼里啪啦噼里啪啦噼里啪啦……（快读数遍）。

②口齿训练。目的是克服方言障碍，促进齿与舌的协调性。以“叽叽喳喳”为例，也可采取上述的办法进行练习。

③气息训练。目的是准确地控制好口腔出入的气息，避免出现气流不畅的现象，影响说绕口令的效果。不妨以“十九八七六五四三二一”为例进行气息练习，方法同上。

④爆发力练习。目的是加大音量和音的爆发力，达到气势充足、情绪饱满的效果。以“得儿驾”为例，可分两步：第一步，得儿（音量要轻）—驾……（音量突然加大，且要短促有力）；第二步，得儿驾得儿驾得儿驾……（快读数遍）。

其次，加强唇、喉、齿、舌的分类练习。说绕口令时唇、舌、口等变化多、变化快、要求高，一不小心便会出错。对幼儿来说，这些部位的功能尚不完善，尚有气息不匀、舌硬齿僵、喉咙发紧等一些问题，影响了说的效果。

①练“唇”功。练习 b、p、m、f 与韵母相拼，可以使双唇更为灵活。如“天上一个棚，地上一个盆；棚碰盆，盆碰棚；棚塌咧，盆打咧；你说棚赔盆，还是盆赔棚”。这里有意识地把“棚盆赔碰”等几个声同韵异的字巧妙地组织在一起，读起来拗口，听起来有趣，反复训练有助于锻炼唇功。

②练“齿”。z、c、s 与韵母相拼，j、q、x 与 i、in、ing 等韵母相拼，有助于练“齿”功。尤其是对某些方言区，在发音上与普通话有很大差距，若能在这些方面多加练习，能很好地克服方言障碍，弄清平翘舌之分。常见的例子如《三山撑四水》：“三山撑四水，四水绕三山。三山四水春常在，四水三山四时春。”

练这样的绕口令时，可先搞清容易出错的字，尤其是区分出其中的平舌音和翘舌音，可以在上面加以标注，然后再反复地加以练习。

③练“舌”功。d、t、n、l、zh、ch、sh 等声母与 a、e、ou、an、en 等韵母相拼，可增强舌头的弹性和灵敏性。如“南边来个喇嘛，手里提着五斤塔玛，北边来个哑巴，腰里别个喇叭，喇嘛要拿塔玛换哑巴的喇叭，哑巴不愿意换喇嘛的塔玛，手里提着塔玛的喇嘛打了腰里别着喇叭的哑巴一塔玛，腰里别着喇叭的哑巴打了手里提着塔玛的喇嘛一喇叭”。

④练“喉”功。g、k、h 等声母与 a、ang、eng、ong 等韵母相拼，有助于幼儿在吐字发声时音势增强、音色自然，避免喉咙过紧、声音容易嘶哑的问题。如“粉红墙上画凤凰，红凤凰黄凤凰，粉红凤凰花凤凰”。

三、绕口令训练练习

（一）声母绕口令练习

普通话声母的发音过程有三个阶段：成阻、持阻、除阻。声母的发音部位不同，吐字时的着力点就不一样，比如“b、P、m”，发音时着力点在双唇，“d、t”的着力点在舌尖，靠舌尖的弹力。因此发声母时不要拖长，要咬住、弹开。我们在每段绕口令题旁都标有“b、p、m”、“d、t”、“n、l”、“g、k”、“s、sh”等声母字样来说明此段绕口令是专门训练所标声母的绕口令。例如：《八百标兵》一段绕口令题旁标有“b、p”的声母，就说明“b、p”字母在练习过程中是重点训练的内容，训练双唇有力集中。又如：《短刀》一段绕口令题旁标有“d、t”的声母，就说明“d、t”在练习过程中是重点训练的内容，训练舌尖的弹力等。

八百标兵（b、p）

八百标兵奔北坡，炮兵并排北边跑，炮兵怕把标兵碰，标兵怕碰炮兵炮。

巴老爷芭蕉树（b、p）

巴老爷有八十八棵芭蕉树来了八十八个把式要在巴老爷八十八棵芭蕉树下住。巴老爷拔了八十八棵芭蕉树，不让八十八个把式在八十八棵芭蕉树下住，八十八个把式烧了八十八棵芭蕉树，巴老爷在八十八棵树边哭。

老六放牛（n，l）

柳林镇有个六号楼，刘老六住在六号楼。有一天，来了牛老六，牵了六只猴；来了侯老六，拉了六头牛；来了仇老六，提了六篓油；来了尤老六，背了六匹绸。牛老六、侯老六、仇老六、尤老六，住上刘老六的六号楼，半夜里，牛抵猴，猴斗牛，撞倒了仇老六的油，油坏了尤老六的绸。牛老六帮仇老六收起油，侯老六帮尤老六洗掉绸上油，拴好牛，看好猴，一同上楼去喝酒。

颠倒歌（d，t，l）

太阳从西往东落，听我唱个颠倒歌。
天上打雷没有响，地下石头滚上坡；
江里骆驼会下蛋，山里鲤鱼搭成窝；
腊月苦热直流汗，六月暴冷打哆嗦；
姐在房中手梳头，门外口袋把驴驮。

白石塔（b，d，t）

白石塔，白石搭，白石搭白塔，
白塔白石搭，搭好白石塔，白塔白又大。

哥挎瓜筐过宽沟（g、k）

哥挎瓜筐过宽沟，赶快过沟看怪狗，光看怪狗瓜筐扣，瓜滚筐空哥怪狗。

哥哥捉鸽（g、k、h）

哥哥过河捉个鸽，回家割鸽来请客，客人吃鸽称鸽肉，哥哥请客乐呵呵。

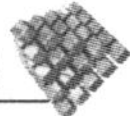

四和十（s，sh）

四和十，十和四，十四和四十，四十和十四。说好四和十，得靠舌头和牙齿。谁说四十是“细席”，他的舌头没用力；谁说十四是“适时”，他的舌头没伸直。认真学，常练习，十四、四十、四十四。

石小四和史肖石（s，sh）

石小四，史肖石，一同来到阅览室。石小四年十四，史肖石年四十。年十四的石小四爱看诗词，年四十的史肖石爱看报纸。年四十的史肖石发现了好诗词，忙递给年十四的石小四，年十四的石小四见了好报纸，忙递给年四十的史肖石。

数狮子（s，sh）

公园有四排石狮子，每排是十四只大石狮子，每只大石狮子背上是一只小石狮子，每只大石狮子脚边是四只小石狮子，史老师领四十四个学生去数石狮子，你说共数出多少只大石狮子和多少只小石狮子？

（二）韵母绕口令练习

普通话韵母是音节的主要成分，它的发音非常重要。单韵母只有一个音素，比较简单，而复韵母和鼻韵母却有两个或三个音素，并且很多都有韵尾，因此要特别注意归音问题，发韵母时，要求韵腹要拉开立起，韵尾要归音到家。我们在每段绕口令题旁标有“a”、“ao”、“ang”、“ing”等韵母字样来说明此段绕口令是专门训练所标韵母的绕口令。例如《胖娃娃和蛤蟆》一段绕口令题旁标有“a”的韵母，又如《老老道小老道》一段绕口令题旁标有“ao”的韵母，就说明“a”、“ao”在练习过程中是重点训练的内容。

胖娃娃和蛤蟆（a）

一个胖娃娃，捉了三个大花活蛤蟆，三个胖娃娃，捉了一个大花活蛤蟆，捉了一个大花活蛤蟆的三个胖娃娃，真不如捉了三个大花活蛤蟆的一个胖娃娃。

小华和胖娃（a）

小华和胖娃，两个种花又种瓜，小华会种花不会种瓜，胖娃会种瓜不会种花。

毛毛和涛涛（ao）

毛毛和涛涛，跳高又练跑，毛毛教涛涛练跑，涛涛教毛毛跳高，毛毛学会了跳高，涛涛学会了练跑。

猫闹鸟（ao）

东边庙里有个猫，西边树梢有只鸟。猫鸟天天闹，不知是猫闹树上鸟，还是鸟闹庙里猫。

老老道小老道（ao）

高高山上有座庙，庙里住着两老道，一个年纪老，一个年纪少。庙前长着许多草，有时候老老道煎药，小老道采药；有时候小老道煎药，老老道采药。

同乡不同行（ang）

辛厂长，申厂长，同乡不同行。辛厂长声声讲生产，申厂长常常闹思想。辛厂长一心只想革新厂，申厂长满口只讲加薪饷。

砸缸（ang）

小光和小刚，抬着水桶上岗。上山岗，歇歇凉，拿起竹竿玩打仗。乒乒乒，乓乓乓，打来打去砸了缸。小光怪小刚，小刚怪小光，小光小刚都怪竹竿和水缸。

黄花黄（ang）

黄花花黄黄花黄，花黄黄花朵朵黄，朵朵黄花黄又香，黄花花香向太阳。

望月空满天星（ing）

望月空，满天星，光闪闪，亮晶晶，好像那，小银灯，仔细看，看分明，大大小小，密密麻麻，闪闪烁烁，数也数不清。

蜻蜓青萍分不清（ing）

蜻蜓青，青浮萍，青萍上面停蜻蜓，蜻蜓青萍分不清。别把蜻蜓当青萍，别把青萍当蜻蜓。

指示灯（ing）

十字路口指示灯，红黄绿色分得清。绿灯行，红灯停。红灯停，绿灯行。

【训练步骤】

1. 第一遍慢读，读准每个字音。
2. 找出容易读错的字词反复练读。
3. 再用较快的速度流畅地读出来。
4. 反复熟读要求一遍比一遍快，一遍比一遍读得清楚。
5. 学生擂台赛（看谁读得又快又准，表现好的给予表扬）。

【训练题目】

1. 小山登山

三月三，小三去登山；
上山又下山，下山又上山；
登了三次山，跑了三里三；
出了一身汗，湿了三件衫；

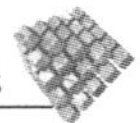

小三山上大声喊，离天只有三尺三。

2. 四和十

四是四，十是十，十四是十四，四十是四十，谁能说准四十、十四、四十四，谁来试一试，谁说十四是四十，就打谁十四，谁说四十是细席，就打谁四十。

3. 扁担和板凳

板凳宽，扁担长，
板凳比扁担宽，
扁担比板凳长，
扁担要绑在板凳上，
板凳不让扁担绑在板凳上，
扁担偏要板凳让扁担绑在板凳上。

4. 教练和主力

蓝教练是女教练，
吕教练是男教练，
蓝教练不是男教练，
吕教练不是女教练。
蓝南是男篮主力，
吕楠是女篮主力，
吕教练在男篮训练蓝南，
蓝教练在女篮训练吕楠。

5. 谁胜谁

梅小卫叫飞毛腿，卫小辉叫风难追。
两人参加运动会，百米赛跑快如飞。
飞毛腿追风难追，风难追追飞毛腿。
梅小卫和卫小辉，最后不知谁胜谁。

6. 贾家养虾

贾家有女初出嫁，嫁到夏家学养虾，
喂养的对虾个头儿大，卖到市场直加价。
贾家爹爹会养鸭，鸭子虽肥伤庄稼。
邻里吵架不融洽，贾家也学养对虾。
小虾卡住了鸭，鸭咬住了虾。
夏家公公劝，贾家爹爹压，
鸭不怕吓，虾不怕打，
夏家贾家没办法。

第八章 朗诵

【训练主题】学习朗诵的基本知识，练就朗诵的技能技巧。

【训练目标】

1. 让学生熟悉朗诵的基本表达手段。
2. 让学生在朗诵训练中进一步掌握朗诵的基本技能技巧。
3. 适当运用体态语及其他辅助手段提高朗诵水平。

【相关知识】

朗诵是口语交际的一种重要形式。朗诵不仅可以提高阅读能力，增强艺术鉴赏能力，更为重要的是，通过朗诵，大者可以陶冶性情、开阔胸怀、文明言行、增强理解；小者可以有效地培养对语言词汇细致入微的体味能力，以及确立口语表述最佳形式的自我鉴别能力。因此，要想成为口语表述与交际的高手，就不能漠视朗诵。

一、朗诵的相关知识

1. 朗诵的含义

朗，即声音的清晰、响亮；诵，即背诵。朗诵，就是用清晰、响亮的声音，结合各种语言手段来完善地表达作品思想感情的一种语言艺术。

2. 朗诵的要求

朗诵是一门绘声绘色的语言艺术。朗诵要有规范的语言的基本功，要求口齿清晰、字正腔圆、声情并茂。朗诵要能够再现作品的思想内容，内心的思想要与作品和作者相同，要求内心所想到和看到的，必须能够和原始情景相符合。朗诵应该是接近生活的艺术语言，而不是盲目地模仿腔调。

3. 朗诵与朗读的区别

①选材种类不同：朗读的选材十分广泛；而朗诵在选材上只限于文学作品，而且只有辞美、意美、脍炙人口的文学精品才适合朗诵。

②应用范围不同：朗读是一种教学宣传形式，主要用于课堂学习和电视、电视台播音；朗诵是一种艺术表演形式，多在舞台上、在文娱活动中使用。

③表现形式不同：朗读，平实、自然，可以边看边读，目的在于准确表达原作的思想内容。在实际朗读过程中，它的表达是有“度”和“分寸感”的，引而不发，留有余地。朗诵生动、优美，脱稿成诵，面对观众，语音动听悦耳，态势语言和谐优美，自然大方（眼神、表情、手势等），既能传达作品的思想感情，又能引起听众的共鸣，目的在于艺术表演，使听众受到思想感情熏陶和语言美的享受。朗诵的感染性比朗读要强烈，奔流而下，一泻千里，为了增强表演效果，往往还需化妆、配乐、舞台灯光、背景等。

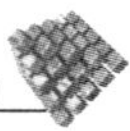

二、朗诵前的准备

朗诵是朗诵者的一种再创作活动。这种再创作，不是脱离朗诵的材料去另行一套，也不是照字读音的简单活动，而是要求朗诵者通过原作的字句，用有声语言传达出原作的主要精神和艺术美感。不仅要让听众领会朗诵的内容，而且要使其在感情上受到感染。为了达到这个目的，朗诵者在朗诵前就必须做好一系列的准备工作。

1. 选择朗诵材料

朗诵是一种传情的艺术。朗诵者要很好地传情，引起听众共鸣，首先，要注意对材料的选择。选择材料时，首先要注意选择那些语言具有形象性而且适于上口的文章。因为形象感受是朗诵中一个很重要的环节；干瘪枯燥的书面语言对于具有很强感受能力的朗诵者也构不成丰富的形象感受。其次，要根据朗诵的场合和听众的需要，以及朗诵者自己的爱好和实际水平，在众多作品中选出合适的作品。

2. 把握作品的内容

准确地把握作品内容，透彻地理解其内在含义，是作品朗诵的重要前提和基础。固然，朗诵中各种艺术手段的运用十分重要，但是，如果离开了准确透彻地把握内容这个前提，那么，艺术技巧成了无源之水、无本之木，成了一种纯粹的形式主义，也就无法做到传情，无法让听众动情了。

3. 用普通话语音朗诵

要使自己的朗诵优美动听，必须使用标准的普通话进行朗诵，因为朗诵作品一般都是运用现代汉民族共同语（即普通话）写成的，所以，只有用普通话语音朗诵，才能更好地更准确地表达作品的思想内容；同时，普通话是汉民族共同语，用普通话朗诵便于不同方言区的人理解、接受。因而，在朗诵之前，首先要咬准字音，掌握语流音变等普通话知识。

三、朗诵的基本表达手段

朗诵时，一方面要深刻透彻地把握作品的内容，另一方面要合理地运用各种艺术手段，准确地表达作品的内在含义。常用的基本表达手段有：停顿、重音、语速、句调。

1. 停顿

指语句或词语之间声音上的间歇。

停顿一方面是由于朗诵者在朗诵时生理上的需要；另一方面是句子结构上的需要；再一方面是为了充分表达思想感情的需要；同时，也可给听者一个领略和思考、理解和接受的余地，帮助听者理解文章含义，加深印象。停顿包括生理停顿、语法停顿、强调停顿。

生理停顿即朗诵者根据气息需要，在不影响语义完整的地方做一个短暂的停歇。要注意：生理停顿不要妨碍语意表达，不能割裂语法结构。

语法停顿是反映一句话里面的语法关系的，在书面语言里则反映为标点。一般来说，语法停顿时间的长短同标点大致相关。例如句号、问号、叹号后的停顿比分号、冒号长；分号、冒号后的停顿比逗号长；逗号后的停顿比顿号长；段落之间的停顿则长于句子停顿的时间。

强调停顿是指为了强调某一事物，突出某个语意或某种感情，而在书面上没有标点、在生理上也可不做停顿的地方做了停顿，或者在书面上有标点的地方做了较大的停顿，这样的停顿我们称为强调停顿。强调停顿主要是靠仔细揣摩作品，深刻体会其内在含义来安排的。例如：遵义会议‖纠正了｜在第五次反“围剿”斗争中所犯的“左倾机会主义性质”的严重的原则错误，团结了｜党和红军，使得｜党中央和红军主力胜利地完成了长征，转到了｜抗日的前沿阵地，执行了抗日民族统一战线的新政策。“遵义会议”之后没有标点符号，但是为了突出“遵义会议”的地位，强调“遵义会议”在我党历史上的伟大意义，就应有一个停顿，而且比下面的其他强调停顿时间要长一些。“纠正了”、“团结了”、“使得”、“转到了”、“执行了”这些词语后面也没有标点，但为清楚显示“遵义会议”的伟大历史意义，应用停顿，句中划“‖”和“｜”的都表示强调停顿。如果不仔细揣度作品而任意作强调停顿，容易产生错误的理解。

例如贺敬之《雷锋之歌》中的一句：“来呵！让我们紧紧挽住雷锋的这三条刀伤的手臂吧!”有人在“三条”之后略作停顿，就会给听众造成“三条手臂”的错觉，影响理解的正确性。

2. 重音

重音是指朗诵、说话时句子里某些词语念得比较重的现象，一般用增加声音的强度来体现。重音有语法重音和强调重音两种。

语法重音：在不表示什么特殊的思想和感情的情况下，根据语法结构的特点，而把句子的某些部分重读的，叫语法重音。语法重音的位置比较固定，常见的规律是：

①一般短句子里的谓语部分常重读；

②动词或形容词前的状语常重读；

③动词后面由形容词、动词及部分词组充当的补语常重读；

④名词前的定语常重读；

⑤有些代词也常重读；

如果一句话里成分较多，重读也就不只一处，往往优先重读定语、状语、补语等连带成分。如：“我们是怎样度过这惊涛骇浪的瞬息！快把那炉火烧得通红。”值得注意的是，语法重音的强度并不十分强，只是同语句的其他部分相比较，读得比较重一些罢了。

强调重音指的是为了表示某种特殊的感情和强调某种特殊意义而故意说得重一些的音，目的在于引起听者注意自己所要强调的某个部分。语句在什么地方该用强调重音并没有固定的规律，而是受说话的环境、内容和感情支配的。

同一句话，强调重音不同，表达的意思也往往不同，例如：

我去过上海。(回答“谁去过上海?”)

我去过上海。(回答“你去没去过上海?”)

我去过上海。(回答“北京、上海等地，你去过哪儿?”)

因而，在朗诵时，首先要认真钻研作品，正确理解作者意图，才能较快较准地找到强调重音之所在。强调重音与语法重音的区别是：

①从音量上看，语法重音给人的感觉只是一般的轻重有所区别，而强调重音则给人鲜明突出的印象。强调重音的音量大于语法重音的音量。

②从出现的位置看，强调重音可能与语法重音重叠，这时语法重音服从于强调重音，只要把音量再加强一些就行了。有时，两种重音出现在不同的位置上，此时，强调重音的音量要盖过语法重音的音量。

③从确定重音的难易上看，语法重音较容易找到，在一句话的范围内，根据语法结构的特点就可以确定，而强调重音的确定却与朗诵者对作品的钻研程度、理解程度紧密相连。

3. 语速

语速是指说话或朗诵时每个音节的长短及音节之间连接的紧松。

说话的速度是由说话人的感情决定的，朗诵的速度则与文章的思想内容相联系。一般说来，热烈、欢快、兴奋、紧张的内容速度快一些；平静、庄重、悲伤、沉重、追忆的内容速度慢一些；而一般的叙述、说明、议论则用中速。

以《雷雨》中周朴园和鲁侍萍的对话为例，朗诵时应根据人物心情的变化调整语速，而不应一律以一种速度读下来。如：

周：梅家的一个年轻小姐，很贤惠，也很规矩。有一天夜里，忽然地投水死了。后来，后来——你知道吗？（慢速。周朴园故作与鲁侍萍闲谈状，以便探听一些情况。）

鲁：这个梅姑娘倒是有一天晚上跳的河，可是不是一个，她手里抱着一个刚生下三天的男孩，听人说她生前是不规矩的。（慢速。鲁侍萍回忆悲痛的往事，又想极力克制怨愤，以免周朴园认出。）

鲁：我前几天还见着她！（中速）

周：什么？她就在这儿？此地？（快速。表现周朴园的吃惊与紧张。）

鲁：老爷，您想见一见她么？（慢速。鲁侍萍故意试探。）

周：不，不，不用。（快速。表现周朴园的慌乱与心虚。）

周：我看过去的事不必再提了吧。（中速）

鲁：我要提，我要提，我闷了三十年了！（快速。表现鲁侍萍极度的悲愤以至几乎喊叫。）

4. 句调

在汉语中，字有字调，句有句调。我们通常称字调为声调，是指音节的高低升降。而句调我们则称为语调，是指语句的高低升降。句调是贯穿整个句干的，只是在句末音节上表现得特别明显。句调根据表示的语气和感情态度的不同，可分为四种：升调、降调、平调、曲调。

升调（↑），前低后高，语势上升。一般用来表示疑问、反问、惊异等语气。

降调（↓），前高后低，语势渐降。一般用于陈述句、感叹句、祈使句，表示肯定、坚决、赞美、祝福等感情。

平调，语势平稳舒缓，没有明显的升降变化，用于不带特殊感情的陈述和说明，还可表示庄严、悲痛、冷淡等感情。

曲调，全句语调弯曲，或先升后降，或先降后升，往往把句中需要突出的词语拖长着念，这种句调常用来表示讽刺、厌恶、反语、意在言外等语气。

除了以上这些基本表达手段外，要使朗诵有声有色，还得借助一些特殊的表达手段，例如笑语、颤音、泣诉、重音轻读等，这里我们就不详细介绍了。

【训练步骤】

1. 学生自行阅读文段，把握内容。
2. 学生揣摩，朗诵文段。
3. 学生相互交流。
4. 每个学生都上讲台朗诵。
5. 教师进行点评。

【训练题目】

1. 朗诵叶挺同志的《囚歌》，注意句调的处理。

为人进出的门紧锁着，（→平调）（冷眼相看）
为狗爬出的洞敞开着，（→平调）
一个声音高叫着：（↗曲调）（嘲讽）
——爬出来吧，给你自由！（↘曲调）（诱惑）
我渴望自由，（→平调）（庄严）
但我深深地知道——（→平调）
人的身躯怎能从狗洞子里爬出！（↑升调）（蔑视、愤慨、反击）
我希望有一天，（→平调）
地下的烈火，（稍向上扬）（语意未完）
将我连这活棺材一齐烧掉，（↓降调）（毫不犹豫）
我应该在烈火与热血中得到永生！（↓降调）（沉着、坚毅、充满自信）

2. 读出下面语句中的强调重音。

于是有人慨叹曰："中国人失掉自信力了。"如果单据这一点现象而论，自信其实是早就失掉了的。先前信"地"，信"物"，后来信"国联"，都没有相信过"自己"。假使这也算一种"信"，那也只能说中国人曾经有过"他信力"，自从对国联失望之后，便把这他信力都失掉了。

3. 朗读郭小川《团泊洼的秋天》这首诗的最后三段，注意语法停顿和强调停顿。

请听听吧，这是战士/一句句从心中//掏出的话。
团泊洼，团泊洼，你真是那样/静静的吗？
是的，团泊洼是静静的，但那里/时刻都会//轰轰爆炸！
不，团泊洼是喧腾的，这首诗篇里/就充满着//嘈杂。
不管怎样，且把这矛盾重重的诗篇/埋在坎下，它也许不合你秋天的季节，但到明春//准会/生根发芽。

4. 下面是鲁侍萍回忆往事、揭露周朴园罪恶的两段话，一段是相认前，一段是相认后。相认前后，鲁侍萍的怨愤之情由克制到逐渐显露，说话的语气和态度也起了变化，试用不同的语速加以表达。

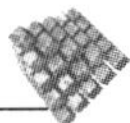

相认以前："她是个下等人，不很守本分的。听说她跟那时周公馆的少爷有点不清白，生了两个儿子。生了第二个，才过三天，忽然周少爷不要她了。大孩子就放在周公馆，刚生的孩子她抱在怀里，在年三十夜里投河死的。"

相认以后："哼，我的眼泪早哭干了，我没有委屈，我有的是恨，是悔，是三十年一天一天我自己受的苦。你大概已经忘了你做的事了！三十年前，过年三十的晚上我生下你的第二个儿子才三天，你为了要赶紧娶那位有钱有门第的小姐，你们逼着我冒着大雪出去。要我离开你们周家的门。"

第九章 复 述

【训练主题】学会复述，加强记忆力和语言连贯性的锻炼。

【训练目标】

1. 让学生了解复述的一些基本知识。
2. 让学生能根据给出的文章进行重复性复述和改造性复述。

【相关知识】

如果你听到了一个精彩的故事，看到了一篇吸引人的文章，或是一则精妙的寓言，你最想做的是什么？有两个选项：A. 烂在肚子里，独吞；B. 跟他人分享，讲给他人听。我想，大部分人都会选择分享。我们不仅从中收获了快乐，更重要的，学会了一种有效的口才训练法——复述。这也是我们语言课的课堂中经常会运用的一种方式。

一、复述的概念

复述是以言语重复刚识记的材料，以巩固记忆的心理操作过程。

复述分为重复性复述和改造性复述两大类。重复性复述又分为详细复述和摘要复述两种。详细复述要尽量完整地保留原作的观点、情节或内容，不改变原作中材料的顺序。摘要复述要根据要求截取主要观点、主要情节或内容。复述性复述可以直接引用原作的语言，但不可避免地要对原作语言作必要的调整。

改造性复述就是转述。转述是要求改变原作结构、顺序、角度或表现方法的复述。它可以分为不同的类型。一种是概括性转述，它要求删去次要的、解释性的和修饰性的内容，并要求对内容进行必要的抽象，再用自己的语言加以组织和概括。一种是改编性转述，主要包括以下形式：

①改变叙事的人称。第三人称可以改为第一人称，第一人称可以改为第三人称。改变人称后，某些内容和叙述方式也应发生相应的变化。

②把叙述改为对话或将对话改为叙述。叙述一般是从作者的角度出发，内容也比较概括，如果要进行详细叙述，可将叙述改为对话。这种方法适宜于比较短的文章。在对比较长的文章进行简要复述时，则可将原文中的对话改成作者的叙述。不管是哪一种，都要力求符合原文的基本思想，不能改变原意。

③改变文章的体裁。有些诗歌，它的内容包含了一定的情节，可以改用记叙文的形式进行复述。但诗歌的跳跃性大，复述时应注意进行合理的想象和补充。

④补充文章的内容。可以补充原文中的略写或省略部分，如人物的心理等，也可以依据课文的结尾，续写情节，想象事情的结局。但无论哪种，必须以文章中提供的基本线索为依据，不能胡编乱造。

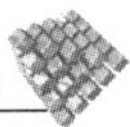

二、复述是一项综合性训练

复述，它富有创造性，能把记忆、思考、表达三者有机地结合起来，使之融为一体。

1. 记忆

记忆是复述的基础。要想复述好，在阅读时，老师必须要求学生快速记住课文里的一些重要词语、文章结构层次和它的具体内容。边读边记，养成口脑并用的良好习惯。反复读的过程就是记忆的过程，记忆就是对复述的准备，复述反过来又能进一步加深记忆。

2. 思考

复述不是照搬课文，必须按一定的要求，对课文内容进行综合、概括，适当取舍，并要认真选词，组织安排材料。复述就是在记忆的基础上进行思考的过程。经常进行复述训练，可以发展学生的思维能力，培养学生思考问题的习惯。

3. 表达

复述的特点是要连贯地复述课文，无论是口头还是笔头，都要围绕一定的中心内容去思考，然后准确而明晰地说出来或写出来，这有利于培养和提高学生的表达能力。

三、复述训练的方法

1. 背诵性复述

这是最初级的复述训练法。选择较简短的文章，便于记忆、背诵。背诵性复述对培养口头表达能力很有帮助。另外，还可以用故事录音磁带作为示范，选一些精彩短小的故事作为起步训练，听过几遍后进行背诵式复述训练（可采用比赛形式），一方面丰富学生的知识，另一方面培养口头作文的能力。

2. 提示性复述

这是较容易进行的一种复述方法。对于篇幅较长的文章和内容较丰富的故事，可采用提示性复述，减轻记忆难度，使复述能够顺利完成。这种复述，不必死记硬背，学生能用自己的话把原内容确切地表达出来就行了。提示性复述训练的方法有两种：

第一，文字提示复述。即把所要复述内容的每个层次或自然段的关键词句写出，让学生进行记忆。

第二，图画提示复述。这种方法，需要有贴切通俗的画面（可以是单幅画，也可以是多幅的连环画）。

3. 创造性复述

这是学生在复述中发挥自己的创造性，对原文加以合理的想象，进行适当的补充、续说的一种复述。

4. 角色性复述。这是让学生身临其境，充当故事中的角色而进行的复述。如能创设相应情境，进行表演式复述，就更为生动有趣了。

四、复述的技巧

复述不同于背诵，它要求在遵循原文的前提下，可以在一定程度上发挥个人的自主性，既鼓励“用自己的话讲”，又提倡恰当运用课文中优美的词句（教师应该重点把握，适时引导，反对背诵）；背诵则需要一字不落地还原文本，不允许个人有自由发挥的空间。但复述必须在熟读材料，了解材料叙述顺序，理解材料内容的基础上进行。

1. 以线索为轴，横向展开

不管记叙的文章有多么复杂，大多都由一条（或多条）线索向前推进。我们只要记住了这条线索，就如同抓住了一条登山的绳索，顺藤摸瓜，就能抓住文章概貌。然后在这条线上找出分支，明确详略和重点，加以叙述，这好比数学中的由线及面、由面及体，如此一来，文章原有结构及内容就凸现出来了。

2. 以关键词连缀，扩充成文

课文的讲解中，挖掘、讲解重点字词能够很好地帮助理解课文内容，理清作者的思路（板书中的诸多内容都是关键词）。复述中只要根据这些关键词的提示，如同是接力跑，一站站接下来，效果自然不错。

3. 以叙述的先后顺序展开复述

理清课文的叙述顺序，对于复述及语言训练显得尤为重要。在动口之前，还可以先列出提纲。一方面可以避免叙述时顺序混乱，条理不清；另一方面也能养成良好的用语、写作习惯（以说促写）。

事情的发展都有其前因后果，但在作者的叙述中，或是为了吸引读者，或是便于叙述，方法就不尽相同。复述中，我们同样可以借鉴，可以按照故事的发展推进。

需要注意的是，这只是一种用来复述的简便方法，应根据材料的不同而取舍，不能单靠求新、求变、强行改变课文的顺序来复述，使得复述的条理不清、层次不明。

4. 给画面配音法

刚开始接触复述时，会有一定难度，要么照本宣科地背诵，要么将文中内容张冠李戴。这时，只要给出一个画面，由画面内容去说就显得很容易。

五、情境再现法

叙事性作品大多都有一定的故事性。每一个故事的发生都有一个特定的环境，只要我们将这个故事按一定程度还原，人物的外貌、语言、动作、心理、神态等都会自然而清晰地再现。所以，创设情境也是快速复述的一个捷径。

六、段意叠加法

这原本是概括文章主要内容的方法，借鉴在这里也非常适用。许多课文看似很长，但分开来看，它是由几部分合成的，各部分之间既相对独立，又有一定的内在联系。将整篇文章化整为零，再将其合而为一，看似烦琐，实际上使脉络和结构更清晰了，复述也轻松了。

【训练步骤】

1. 先通读课文或给定的材料。
2. 理清文章脉络，找出中心事件。

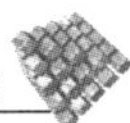

3. 写出故事梗概。

4. 学生进行重复性复述和改造性复述。

【训练题目】

1. 根据所给材料对文章进行摘要复述，要求抓住文章的主要观点、主要情节或内容，必要时可对原作语言作必要的调整。

2. 对材料进行概括性转述，提取材料的主要内容和线索，再用自己的语言加以组织和概括。

例文1：林则徐请客

林则徐五十三岁那年，道光皇帝派他到广州担任湖广总督，负责查禁鸦片烟。一些外国人，总想找机会摸摸林则徐的底细。

一次，英国领事查理设宴，邀请林则徐参加。宴会快结束时，送上来的最后一道点心是甜食冰淇淋。那时候，冰淇淋还很罕见。林则徐见冰淇淋冒着气，以为很烫，送到嘴边时，还用口吹了吹。这一来，在座的外国人便趁机哄笑。林则徐受到侮辱，心里非常生气。但是，他压住怒火，似乎毫不在意地说："这道点心，外面像在冒热气，其实是冷冰冰的。今天，我算是上了一次当。"

过些天，林则徐在总督府设宴请客，回敬上次参加宴会的那些外国人。宴席上，一道道端上的都是中国名菜。那些外国人，一个个张大了嘴巴狼吞虎咽。他们一边吃喝，一边赞不绝口。酒足饭饱之后，有个外国人说："中国菜，好吃得没话说，只可惜少了一道甜食。"

"有！"林则徐便吩咐道，"上甜食！"话音刚落，一盆槟榔芋泥端上来了。外国人见是甜食，便举起汤匙，兴冲冲地舀着往嘴里倒。这一下，可够那些外国人尝的了。他们"啊——"、"啊——"，嚷成一片，喉咙里比卡着鱼骨还要难受。有的挥起手，想伸进嘴巴去抓；有的按住嘴，泪水直淌。一个个洋相出尽，狼狈不堪。

林则徐不动声色，若无其事地说："这是我家乡福建的名点，叫槟榔芋泥。这甜食，看上去外面冰冷，内里却滚烫非常，正好和似热实冷的冰淇淋相反。吃的时候，性急不得，性急了就要烫了喉咙！"

外国人瞪圆了蓝眼睛，个个呆似猴样。

他们这才感到林则徐不是个好对付的中国官员。

例文2：第六枚戒指（安·佩普）

我17岁那年，好不容易找到一份临时工作。母亲喜忧参半：家有了指望，但又为我的毛手毛脚操心。工作对我们孤女寡母太重要了。我中学毕业后，正赶上大萧条，一个差事会有几十个甚至上百个失业者争夺。多亏母亲为我的面试赶做了一身整洁的海军蓝，才得以被一家珠宝行录用。

在商店的一楼，我干得挺欢。第一周，受到领班的称赞。第二周，我被破例调往楼上。

楼上珠宝部是商场的心脏，专营珍宝和高级饰物。整层楼排列着气派很大的展品橱窗，还有两个专供客人看购珠宝的小屋。

我的职责是管理商品，在经理室外帮忙和传接电话，要干得热情、敏捷，还要防盗。

圣诞节临近，工作日趋紧张、兴奋，我也忧虑起来。忙季过后我就得走，恢复往昔可怕的奔波日子。然而幸运之神却来临了。

一天下午，我听到经理对总管说："艾艾那个小管理员很不赖，我挺喜欢她那个快活劲。"

我竖起耳朵听到总管回答："是，这姑娘挺不错，我正有留下她的意思。"

这让我回家时蹦跳了一路。

翌日，我冒雨赶到店里。距圣诞节只剩下一周时间，全店人员都绷紧了神经。我整理戒指时，瞥见那边柜台前站着一个男人，高个头儿，白皮肤，大约三十来岁。但他脸上的表情吓我一跳，他几乎就是这不幸年代的贫民缩影。一脸的悲伤、愤怒、惶惑，有如陷入了他人置下的陷阱。剪裁得体的法兰绒服装已是褴褛不堪，诉说着主人的遭遇。他用一种永不可企的绝望眼神，盯着那些宝石。

我感到因为同情而涌起的悲伤。但我还牵挂着其他事，很快就把他忘了。

小屋打来要货电话，我进橱窗最里边取珠宝。当我急急地挪出来时，衣袖碰落了一个碟子，六枚精美绝伦的钻石戒指滚落到地上。总管先生激动不安地匆匆赶来，但没有发火。他知道我这一天是在怎样干活，只是说："快捡起来，放回碟子。"

我弯着腰，几欲泪下地说："先生，小屋还有顾客等着呢。"

"我去那边，孩子。你快捡起这些戒指！"

我用近乎狂乱的速度捡回五枚戒指，但怎么也找不到第六枚。我寻思它是滚落到橱窗的夹缝里了，就跑过去细细搜寻。没有！我突然瞥见那个高个男子正向出口走去。顿时，我明白戒指在哪儿了。碟子打翻的一瞬，他正在场！

当他的手就要触及门柄时，我叫道："对不起，先生。"

他转过身来。漫长的一分钟里，我们无言对视。我祈祷着，不管怎样，让我挽回我在商店里的未来吧！跌落戒指是很糟，但终会被忘却，要是丢掉一枚，那简直不敢想象！而此刻，我若表现得急躁——即便我判断正确——也终会使我所有美好的希望化为泡影。

"什么事？"他问。他的脸肌在抽搐。

我确信我的命运掌握在他手里。我能感觉得出他进店不是想偷什么。他也许想得到片刻温暖和感受一下美好的时辰。我深知什么是苦寻工作而又一无所获。我还能想象得出这个可怜人是以怎样的心情看这社会：一些人在购买奢侈品，而他一家老小却无以果腹。

"什么事？"他再次问道。猛地，我知道该怎样作答了。母亲说过，大多数人都是心地善良的。我不认为这个男人会伤害我。我望望窗外，此时大雾弥漫。

"这是我头回工作。现在找个事儿做很难，是不是？"我说。

他长久地审视着我，渐渐，一丝十分柔和的微笑浮现在他脸上。"是的，的确如此。"他回答，"但我能肯定，你在这里会干得不错。我可以为你祝福吗？"

他伸出手与我相握。我低声地说："也祝您好运。"他推开店门，消失在浓雾里。

我慢慢转过身，将手中的第六枚戒指放回了原处。

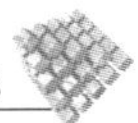

第十章 讲故事

【训练主题】能生动形象地讲述故事。

【训练目标】

1. 让学生掌握讲故事的一些基本技巧。
2. 学生能在台上讲故事。

【相关知识】

同学们或许都听过故事，但是不是都讲过故事呢？讲故事看起来很容易，要真讲起来就不那么容易了，常言说“看花容易，绣花难”呀！听别人讲故事绘声绘色，很吸引人，有些朋友听起故事来甚至都可以忘了吃饭、睡觉，可是自己一讲起来，仿佛就不是那么回事了，干干巴巴，毫无吸引力。因此，讲故事也是一种才能，并不是人人都可以把故事讲好的。学习讲故事是练口才的一种好方法。

讲故事，可以训练人的多种能力。因为故事里面既有独白，又有人物对话，还有描述性的语言、叙述性的语言，所以讲故事可以训练人的多种口语能力。

这里所说的讲故事包括演绎固有文本和自编自演两种情况。

一、演绎固有文本

演绎固有文本即运用生动的语言、适当的表情和动作把现有故事文本的情节和内容演绎出来。这不仅仅是对故事内容的简单再现，还包含了讲故事者对文本的理解和再创造。具体的方法和技巧有：

第一，熟记故事的开头和结尾，这样你在讲述时就会充满自信地开始，铿锵有力地结束，精彩的篇章要均匀地穿插在讲述过程中，使听众始终保持兴趣。事先计划好如何进退场，边演边说，尽量少做单纯的口述。

第二，讲故事之前要充分调动自己的情绪，争取进入故事的特定情境之中。每个故事最好只表现一个主题，不同主题需通过不同故事来表达。

第三，发掘每个故事最“发人深省的时刻”，将这一个时刻加以生动的表现，让听众回味良久。

第四，故事要精练，与主题无关的部分要勇于割舍，这样才能集中力量，全力以赴地去展现故事中影响力深远的部分。

第五，保持与观众的眼神上的交流，除非角色间正在对话，或你正扮演配角。同时应尽可能吸引观众上前参与表演。

第六，扮演什么角色，就要有意识地把自己变成那个角色，在声音、语气等特征上尽量向这个角色靠拢。你对自己扮演的角色有几分自信，观众就信服你几分，真的把你当成那个角色。

第七，运用手势创造空间感，用手比画出大小甚至画面，增加手势的作用，不仅可以使主题得以深化，还能使讲述显得抑扬顿挫。动作幅度要尽量大，以使坐在后排的观众也能看清楚。

第八，经常改变讲演的形式、节奏和气氛，通过不断的变换使观众对你的表演始终保持兴趣。有时也适时停顿以表示强调和疑问，保持镇定以使你的每一句话都发挥效力。

第九，万一忘了词不要惊慌，可以停顿一会、思考一下，但要与观众保持眼神上的交流。你越放松，就越会从容地恢复原态。

第十，发挥幽默的作用。幽默会使观众心情放松，易于接受向他们传递的讯息。通常，讲述一个有意义的故事，需要适当加入一些幽默元素。

第十一，为适应不同年龄段的观众的需求，你的表演要作相应的调整，孩子们喜欢形体表演、直观教学，而成年人对口述更感兴趣。孩子们从笑话中安静下来需要花更多的时间。

第十二，与其口头讲述，不如表演给他们看。你全身心地投入，就是为了与观众一起分享你自己从故事中领悟到的喜悦与乐趣。

二、自编自演

即把一件事情、一段历史或一种经历以口述形式表达出来。这就包括了“编”和“讲”两个环节。

首先是编故事。故事的要素是情节、人物、环境。因此，在编故事时应重点把握好以下方面：

1. 确立主题

首先，主题来源于对生活的积累和观察。可以说主题无处不在，只是你是否能发现。其次，仔细观察细节并做好笔记尤为重要。选择是艺术创作中的一个重要手段。简言之，主题就是主要的题目，是你讲故事的前提条件和依据。确立主题就确定了你的故事的中心内容。往往一个事件会有多个主题，这时你必须根据你对事件的把握找出最能吸引人们的主要事件作为你的主题。要知道主题是由你去发展的。主题就在你所见的事物中，在你做的种种事情中，在你碰见的每一个人身上，在你读的每一本书里。当然，也将会出现在你将要面临的命题考试中。

2. 结构故事

设定人物——进入情节——矛盾冲突（形成高潮）——选择结局，这是建构故事的基本思路。

首先要确定人物关系、主要人物、次要人物。有了人物以后，下一步便是将人安排在一些似乎是无法解决的难题与逆境中。他们必须面临同他们相对立的人或事（情节的安排），也就是说必须有矛盾冲突。

具有正面特点的人物和具有反面特点的人物之间的矛盾纠葛是举不胜举的。你只要找一本同义字和反义字的大辞典，其间就有取之不尽的词儿可供你用一辈子。你不妨试着用一对词儿，看看如何去写成一个故事冲突。

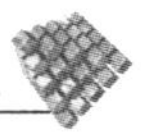

一旦掌握用对立面去安排冲突的技巧后，你就可以将代表对立的正反两方面的不同分量加在人物身上，并且通过并列对立的表现，将冲突放在运动中去表现。这时你的工作就比较容易了。

事实上，没有矛盾，也就没有生活、没有世界、没有作品。

文学作品中的情节，是某一个特定的矛盾冲突的形成、发展和转化的过程。它是一个过程，必然受到一定的时间、地点和条件的制约。它是被作家反映出来的在生活长河中的一段，有它自己的开端和终结，在开端和终结之间，还有一个发展变化，这个发展变化，也必然像现实生活一样，由微小的、不明显的量的变化向巨大的、显著的质的变化发展。这就形成了情节在一般情况所需具有的开端、发展、高潮、结局这样几个部分。因此，在文学创作中，情节与人物的安排都极为重要。

情节是作家从生活之树上截取下来的一枝一节。生活之树有千枝万叶，一篇作品不可能把它们全部截取下来，只能有一枝一节，也许只有几片叶子，但它们总是生活之树的一部分。我们把经过重新安排的事件称作情节。

3. 讲故事

①根据命题，选择主题，设置情节；②根据情节设置人物，包括主要人物与次要人物以及他们的关系；③注意对环境的描述，以烘托人物；④寻找或设计矛盾，制造矛盾冲突，形成高潮，高潮可以从解决问题或未解决问题中获得，当它终于把中心人物带到他一生中的特定时刻时，故事也就此结束；⑤选择结局。

讲故事有五要素：何时、何地、何人、何事、何故。每一个故事都应该包括这五项内容，才算表达清楚。“何时”的表述要注意开门见山，警示性地引起听众注意；“何地”的表述要尽快地进入场景，这样才会突出你想表达的主题；“何人”的表述要有名有姓，有名有姓才显得真实，也方便听众理清思路；“何事”的表述应注意具体化、描述细节化；“何故”的表述相对不太重要，是对听众的一个心理释放。

讲故事，最重要的是对何事的讲解，换句话说也就是重现场景。重现场景的一个技巧就是表达具体化、描述细节化，这才能使听众以一个一致性的画面进入情节，限制听众的随意思考。你让听众思考了，听众的反应就是不一致的。不一致在社会心理学中，就意味着心理互动的失败，心理互动失败，你就不能在讲话中达到最佳效果。

注意事项：

第一，不要用模糊的概念，不能用“可能是甲”、“可能是乙”、“好像是 1978 年”等句子。模糊的概念可能会转移一部分的注意力，再一个显得你的故事的真实性有点下降，你的准确性下降可能会导致你说服力的下降，相比之下，直接确定为甲，或是直接说是 1978 年，故事则显的更有说服力。

第二，不要用解释性的语言，尽量使用描述性的语言。在描述故事发生的天气时，你要说“那天因为天气很热，所以我穿得很少”，就不如“那天天气太热，我只穿了个裤衩”；“因为台子有 8 米高，所以我站在上面发抖”，也不如“我站在 8 米高的台子上，双腿发抖”。这样的语言不会使人的思维走岔路。一个表述要是采用那种不一致的思维方式，势必会影响到内容的表达能力。

第三，讲故事时，不要有谦虚的开场白。这样无疑会打击听众的信心，认为从你的讲话中学不到什么东西；而且你自己连这个自信也没有，如何让听众有这个自信。经过观察，我认为合理的做法是勾起听众的注意力，人们的心理往往会被后期的期待所吸引。

第四，在讲故事之前，我认为第一句话的语音、语调、语速是非常关键的。如果第一句话较有力，那么首先会吸引听众的注意力，再者下面的故事陈述也会流畅得多。所以在讲话之前，要吸一口气稳一下自己的心神，然后再开始，不要慌慌张张地开始。

第五，在讲一个事情或心理的效果时，尽量使用事实来侧面反衬。这样给听众的印象是生动的、形象的、记忆深刻的。如说害怕，说事后发现衣服湿透了，则更加逼真。

第六，快速地进入场地。能快速地进入场地，就能够抓住主题，迅速地将自己的观点传达给对方。一般而言，一个话语啰嗦的人往往是讲半天话还在兜圈子，这时听众已经听烦了，大量的圈外活动使听众的心理期待数次落空。这时你的讲话就很难达到预期的效果。

第七，避免使用抽象化的语言。如果你想陈述你的学习成绩，你要说你总是优秀，是一个笼统概念；你要说，你考试成绩不是第一、就是第二，这种效果对听众的效果是截然不同的。

第八，如果你想表达一种戏剧性的效果，你就应该使用因果倒置技巧。因果倒置往往使听众恍然大悟，也可能是心理期待的骤然落空。这时笑声自然也就出来了。

【训练步骤】

1. 在班级内部发动每位同学都开展“故事大搜索”活动，内容可以是浅显生动的童话故事、神话故事、民间故事等，也可以是自编的故事。
2. 各班级内部进行“讲故事比赛”，每位同学都积极参与。
3. 教师进行点评。

【训练题目】

1. 最感人的故事
2. 我和老师的故事
3. 小猫的故事

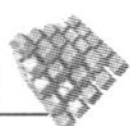

第十一章　演　讲

【训练主题】学习演讲的基本知识，练就演讲的技能技巧。

【训练目标】

1. 培养学生的语言表达能力。
2. 让学生掌握演讲和即兴发言的技巧。
3. 增强学生演讲的魅力。

【相关知识】

在学校里，各级各类学生干部往往经竞选产生；在社会上，公开选拔、竞争上岗已经成为任用人才的重要方式。在这些竞选、竞职过程中，演讲这一环节的重要性日益凸显。在竞争日益激烈的今天，中职学校学生除了学好专业课、练好基本功之外，还要学会如何在竞争中脱颖而出。因此，在学习阶段进行演讲练习是十分必要的。

一、演讲的相关知识

演讲是一种交流思想、沟通情感的重要方式，它主要是演讲者在特定的交际领域或交际环境中，运用有声语言和态势语言等艺术手段，面对听众宣传思想观点、抒发感情，从而影响和感召听众的一种信息交流行为。演讲以“说”为主，以“演”为辅，说与演密切结合、相辅相成。

演讲也不同于朗诵。首先，演讲与朗诵的范畴不同。演讲属于精神实用技术，侧重于宣传鼓动；朗诵属于表演艺术，侧重于欣赏。其次，演讲选题有很强的现实性和时代性；朗诵的材料有很大的超越性。再次，演讲讲究激情，要有激情点（演讲的高潮），其语言有特殊性；朗诵追求意境，其语言属于舞台表演语言。

从交际环境和时空条件的制约方面来划分，演讲分为有稿演讲和即兴演讲两种。

有稿演讲：一般是在了解命题并做好准备、写好演讲稿（或提纲）之后进行的。其优势是既可保证思想内容的健康、正确，又可对语言进行加工润色，对态势语的配合作好预先设计，使思想内容与艺术形式较好地统一，更有效地发挥演讲的感染和鼓动作用。

即兴演讲：指在事先没有准备的情况下，就眼前的场面、情景、事物、人物等临时即兴发表演讲。一方面，即兴演讲兴有所发，情有所感，灵活性大，即兴感强，应用范围广。另一方面，即兴演讲篇幅短小，难度大，要求演讲者紧扣主题，抓住由头，迅速组合，言简意赅。因此，即兴演讲要靠演讲者平时的知识积累、敏锐的思维组合能力和临场技巧的发挥来达到预期目的。

由于在校生演讲大多数是有稿演讲，所以下面我们主要来学习怎样进行有稿演讲。

二、演讲前的准备

（一）认真撰写演讲稿

1．演讲稿写作的要求

①认清对象，确立主题；②条理清楚，结构完整；③语言流畅，深刻风趣。

2．演讲稿的结构

简单地说，演讲稿的结构分为三部分：开头、主体、结尾。

（二）反复练习

俗话说：熟能生巧，反复的演练能让你清楚地认识到自己的不足，并加以改正。

三、演讲的技巧

（一）调整演讲心态

第一，端正态度。演讲前不要过多设想演讲的效果，比如雷鸣般的掌声和群众热烈的回应。

第二，熟悉演讲的要点和内容。

第三，反复练习，熟能生巧。

第四，在心理、生理上进行适当调整。

（二）巧妙化解失误

即使是最著名的演讲者都有可能在演讲中出现失误，比如讲错、忘记、遗漏演讲内容等。

那么我们要怎样化解失误呢？如果是忘记内容，可以采用随方就圆的方法，即想到哪个句子哪个段落就从哪里接下去，想起来的时候再补充。如果是讲错，无关重要的句子或词语，观众又不会误解的，可以不必更正。如果是关键的句子或词语，则不能放过，要重新更正，但切记住不要说“我刚才说错啦，不好意思”之类的话。应该沉着冷静，自然过渡，纠正错误、补充遗漏或跳过遗忘的内容接着讲下去，使观众无暇顾及你的错漏。不要站在台上面红耳赤，不知所措。

（三）善于随机应变

演讲现场的情况有时是无法估量的，我们不可一成不变、照本宣科，应根据听众反应、现场需求随机应变，对演讲内容进行适当的调整。

第一，当你发现听众对你详细讲述的材料并不感兴趣，而对一些一带即过的辅助性材料反而产生浓厚的兴趣时，应该立即调整内容，重新安排详略。

第二，如果自己准备的材料与其他演讲者的材料雷同（如所举事例相同），此时应该立即删除该材料，补充新材料，或从一个新的角度去阐述或加以引申，给人耳目一新、更进一层的感觉。

第三，若听众稀少，反应不踊跃，甚至喧哗退场，我们也不要失去信心、草草收场，而应该坚持以热情、诚挚、豁达的态度对待听众，积极重新组织内容，扭转局面，赢得演讲成功。

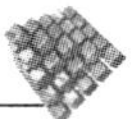

（四）讲究声情并茂

演讲主要是靠口头语言和表情传递信息、感染听众的，其中，有声语言是我们运用的主要手段。

第一，放松心理，用自然的声音、声调进行演讲。语音清晰、发音准确、音量适中、语意得体，是最基本的要求。

第二，注意音量高低和起伏节奏。

很多同学都认为，演讲应该慷慨激昂、激情迸发，才能吸引听众、感染听众，所以每字每句都以最高的音量来表现，殊不知该低的地方没有低下去，是很多演讲者的毛病。并不是每一句每一个字都以最大的声音读出来就激昂慷慨了。该低的地方一定得低下来，只有部分地方低下去、慢下去，其他的地方才会显得高起来。

一段之中的句子要有高低，一句之中的字词也要有高低。声音高高低低、低低高高、波浪起伏、连绵不绝，才显得韵味无穷。

总的来讲，声随情发、以情发声、以声传情、声情并茂，是运用有声语言的最高要求。

（五）注意态势语的运用

态势语即身体语言，主要包括神态和手势动作两方面。态势语的运用和演讲内容要配合恰当，才能使语言表达更具有感染力。

1. 神态

包括脸部表情、身体姿势。

人们常常说："眼睛是心灵的窗口。"眼睛在表情达意中起着举足轻重的作用，演讲时首先要注意眼神的运用。一上台，眼睛应向前面流转，让每一个人都觉得你在与他交流。在演讲过程中，可以从听众当中寻找对自己投以善意而温和的目光的人，并把自己的视线投向强烈"点头"对你表示肯定的人。切忌眼睛朝上盯着天花板、朝下盯着地板，或者忽左忽右、眼神飘忽。眼神和表情可根据内容的喜怒哀乐来变化，但变化之后要立即恢复正常。

演说时的身体姿势也会带给听众某种印象，例如堂堂正正的印象或者畏畏缩缩的印象。一般来说，演讲时要让身体放松，张开双脚与肩同宽，挺稳整个身躯。在感觉紧张的时候，可以想办法缓解身体上的紧张情绪，如将一只手自然地触摸桌边，或者手握麦克风等。

2. 手势动作

手势动作力求简洁自然。什么时候需要手势动作，什么时候应当使用什么样的手势动作，演讲前都要设计好，不能临时在台上即兴发挥。动作要干脆利落，不要拖泥带水、欲动不动、似动不动、似动非动，或者毫无意义地动两下又收回去。

无处摆放的手会暴露你的不自信。演讲时要注意避免以下不得体的动作：祈祷手势、双手背后、双手叉腰、胸前抱臂、双手插兜、手臂交叉、扭缠在一起抓救命稻草等。

四、演讲例文

老师，同学们：

大家好！

今天，很荣幸走上讲台，和那么多乐意为班级作贡献的同学一道，竞选班干部职务。我想，我将用旺盛的精力、清醒的头脑来做好班干部工作，来发挥我的长处帮助同学和 x 班集体共同努力进步。

我从小学到现在班干部竞选一年没拉下，但我一身干净，没有“官相官态”、“官腔官气”；少的是畏首畏尾的私虑，多的是敢做敢为的闯劲。

我想我该当个实干家，不需要那些美丽的词汇来修饰。工作锻炼了我，生活造就了我。戴尔卡耐基说过：“不要怕推销自己，只要你认为自己有才华，你就应该认为自己有资格担任这个或那个职务。”

我相信，凭着我新锐不俗的“官念”，凭着我的勇气和才干，凭着我与大家同舟共济的深厚友情，这次竞选演讲给我带来的必定是下次的就职演说。我会在任何时候，任何情况下，都首先是“想同学们之所想，急同学们之所急”。我决不信奉“无过就是功”的信条，恰恰相反，我认为一个班干部“无功就是过”。因为本人平时与大家相处融洽，人际关系较好，这样在客观上就减少了工作的阻力。我将与风华正茂的同学们在一起，指点江山，发出我们青春的呼喊。当师生之间发生矛盾时，我一定明辨是非，敢于坚持原则。特别是当老师的说法或做法不尽正确时，我将敢于积极为同学们谋求正当的权益。如果同学们对我不信任，随时可以提出“不信任案”，对我进行弹劾。你们放心，弹劾我不会像弹劾克林顿那样麻烦，我更不会死赖着不走。

既然是花，我就要开放；既然是树，我就要长成栋梁；既然是石头，我就要去铺出大路；既然是班干部，我就要成为一名出色的领航员！

流星的光辉来自天体的摩擦，珍珠的璀璨来自贝壳的眼泪，而一个班级的优秀来自班干部的领导和全体同学的共同努力。

我自信在同学们的帮助下，我能胜任这项工作。正由于这种内驱力，当我走向这个讲台的时候，我感到信心百倍。

你们拿着选票的手还会犹豫吗？谢谢大家的信任！

【训练步骤】

1. 先围绕演讲的主题，让学生写好演讲提纲或详细的演讲稿。
2. 熟读自己的演讲稿，争取脱稿演讲。
3. 在台下小声地试着脱稿演讲。
4. 每个学生都上讲台演讲。
5. 教师进行点评。

【训练题目】

1. 以“放飞理想”为主题，进行演讲。
2. 以“争做文明学生”为主题，进行演讲。
3. 以“可爱的班级”为主题，进行演讲。

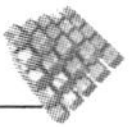

第十二章 辩论

【训练主题】 创设情境进行辩论。

【训练目标】

1. 让学生了解辩论的一些基本知识。
2. 培养学生的合作意识。
3. 有效地锻炼学生的表达能力。

【相关知识】

辩论随时都会用，学校里的辩论赛的终极目的也是为了锻炼同学们的口才和反应。多进行辩论赛，有利于学生良好口语能力的形成。

一、辩论三要素

第一，辩论中存在着持不同意见的双方或多方。有不同意见的双方或多方存在，才能实现思想交锋。一个人不可能自己同自己辩论；一个人头脑中几种方案或做法的权衡和比较，那是思考或思辨，而不是辩论。

第二，辩论必须针对同一事物或同一问题，即存在着同一论题。如果各方谈论的论题不同，就不能实现有意义的辩论。例如，一个人说“法律是有阶级性的”，另一个人说“市场经济就是法制经济”，由于两人所认识的对象不同，因此两个观点不能构成辩论。只有当一个人说“法律是有阶级性的”，另一个人说“法律是没有阶级性的”时，这样两个判断才构成辩论。因为这两个判断所认识的对象相同，又是相互对立的思想，而这两个判断至多只能有一个为真，不可能都真，这样就有了谁是谁非的问题，就必然要引起辩论。

第三，辩论的诸方有或多或少的共同认识或共同承认的前提，如思维的同一律、不矛盾律、排中律和充足理由律以及正确推理的方法等，以及如社会公理、科学规律等是非真伪标准和价值取向。没有这些共同承认的东西，辩论只会是一场混战，不可能得出结论。总之，辩论诸方有共同的话题，而又有不同意见。从哲学观点看，辩论的诸方是一种对立统一的关系。

二、辩论的特点

第一，辩论人员的双边性。辩论是双边活动，最少两人参加，单一方面只能是议论而已。

第二，辩论观点的对立性。双方观点是对立的，或是或非，这样才有辩论的可能，否则就是谈判。

第三，论证的严密性。只有合乎思维逻辑的辩论，才可能获胜，否则只能是诡辩。

第四，追求真理的目的性。辩论的目的是追求真理、取得共识，辩论双方没有对错之分。

三、正规的辩论赛比赛常用的具体程序

①主席致开场词，介绍该场参赛队员、评判团成员和比赛规则。
②开篇立论开始，正反两方一辩依次进行，时间各二分三十秒。
③攻辩时间 6 分钟，每队各 3 分钟。
④攻辩小结，每队各一分三十秒
⑤自由辩论 8 分钟，每队各 4 分钟。
⑥反方四辩总结陈词，时间 3 分钟。
⑦正方四辩总结陈词，时间 3 分钟。
⑧评判团进行评判，工作人员计分作统分工作。
⑨请本场的评判代表分析赛情。
⑩主席宣布本场比赛各队的得分情况及最后结果。
⑪本场比赛结束，退场。

注：每位辩手发言时间剩 30 秒时，将有一次笛声提示，当辩论时间用完时，有两次笛声提示，辩手应立刻停止发言。

四、辩论赛的技巧

下文试以技法理论结合对实际辩例的分析，介绍几种反客为主的技巧。

（一）借力打力

武侠小说中有一招数，名叫“借力打力”，是说内力深厚的人，可以借对方攻击之力反击对方。这种方法也可以运用到论辩中来。

例如，在关于“知难行易”的辩论中，有这么一个回合：

正方：对啊！那些人正是因为上了刑场死到临头才知道法律的威力。法律的尊严，可谓“知难”哪，对方辩友！(热烈掌声)

当对方以“知法容易守法难”的实例论证“知易行难”时，正方马上转而化之从：“知法不易”的角度强化己方观点，给对方以有力的回击，扭转了被动局势。

这里，正方之所以能借反方的例证反治其身，是因为他有一系列并没有表现在口头上的、重新解释字词的理论作为坚强的后盾：辩题中的“知”，不仅仅是“知道”的“知”，更应该是建立在人类理性基础上的“知”。守法并不难，作为一个行为过程，杀人也不难，但是要懂得保持人的理性，克制内心滋生出恶毒的杀人欲望，却是很难。这样，正方宽广、高位定义的“知难”和“行易”借反方狭隘、低位定义的“知易”和“行难”的攻击之力，有效地回击了反方，使反方构建在“知”和“行”表浅层面上的立论框架崩溃了。

（二）移花接木

移花接木的技法在论辩理论中属于强攻，它要求辩手勇于接招、勇于反击，因而也是一种难度较大、对抗性很高、说服力极强的论辩技巧。诚然，实际临场上雄辩滔滔，风云

变幻，不是随时都有“孙行者”、“孙悟空”这样现成的材料可供使用的，也就是说，更多的“移花接木”需要辩手对对方当时的观点和我方立场进行精当的归纳或演绎。

比如，在关于“治贫比治愚更重要”的论辩中，正方有这样一段陈词：“……对方辩友以迫切性来衡量重要性，那我倒要告诉您，我现在肚子饿得很，十万火急地需要食物来充饥，但我还是要辩下去，因为我意识到论辩比充饥更重要。”话音一落，掌声四起。这时反方从容辩道：“对方辩友，我认为‘有饭不吃’和‘无饭可吃’是两码事……”反方的答辩激起了更热烈的掌声。正方以“有饭不吃”来论证贫困不足以畏惧和治愚的相对重要性，反方立即从己方观点中归纳出“无饭可吃”的旨要，鲜明地比较出了两者本质上的天差地别，有效地扼制了对方偷换概念的倾向。

（三）顺水推舟

即表面上认同对方观点，顺应对方的逻辑进行推导，并在推导中根据我方需要设置某些符合情理的障碍，使对方观点在所增设的条件下不能成立，或得出与对方观点截然相反的结论。

例如，在“愚公应该移山还是应该搬家”的论辩中：

反方：……我们要请教对方辩友，愚公搬家解决了困难，保护了资源，节省了人力、财力，这究竟有什么不应该？

正方：愚公搬家不失为一种解决问题的好办法，可愚公所处的地方连门都难出去，家又怎么搬？……可见，搬家姑且可以考虑，也得在移完山之后再搬呀！

神话故事都是夸大其事以显其理的，其精要不在故事本身而在其寓意，因而正方绝对不能让反方迂旋于就事论事之上，否则，反方符合现代价值取向的“方法论”必占上手。从上面的辩词来看，反方的就事论事理据充分、根基扎实，正方先顺势肯定“搬家不失为一种解决问题的好办法”，既而基于“愚公所处的地方连门都难出去”这一条件，自然而然地导出“家又怎么搬”的诘问，最后水到渠成，得出“先移山，后搬家”的结论。如此一系列理论环环相扣、节节贯穿，以势不可当的攻击力把对方的就事论事打得落花流水，真可谓精彩绝伦！

三、辩论例文

证题：科技的发展是利大于弊还是弊大于利？

开场白（正方）：

随着科技的发展，人类文明又向前迈进了一大步，从以前的马车变成汽车，从以前的油灯变成电灯……

现在，人们生活变好了。用电话加快通讯，用汽车、摩托车加快了生活的节奏，用电饭煲、煤气做美味可口的饭菜……

电视在生活中是不可缺少的。我们可以看新闻，了解国内外的事；可以看动画片，放松一下；还可以不去现场看节目、表演，比如说这次奥运会吉祥物揭晓，就可以在家看转播。电脑在各行各业的应用更广泛，我们在海宁发一封信到巴西，只要几秒钟对方就能收到。我们可以在因特网上和天南地北的亲朋好友聊天、游戏；可以在网上读新闻、看电影、听音乐；可以听老师上课、查找资料；还可以足不出户购物、医疗、急救……

反方：环境污染这个是最直接的也是最显眼的坏处。

正方：话倒不能这么说，就拿塑料袋来说吧！那不是我们科技太先进，而是我们的科技不行。要是行的话，我们就不会使用塑料袋，而是发明成本低且环保的购物袋了。正因为这样，咱更要发展环保科技。要没有科技，一年一度的洪涝咋来治理？要不咱也学大禹那样，带着大帮群众凿水渠？况且大禹还说过："人往高处走，水往低处流。"我们应该与时俱进，不是吗？再说了，环境污染与人口膨胀难道一点关系都没有吗？其实环境污染是人类利用科技造成的，现在却把所有责任全都推到科技上，是不是可耻了一点呢？邓小平爷爷曾经说过："科学技术是第一生产力。"对此你们怎么看呢？

反方：物种灭绝加快，这是由环境污染和人类的捕杀所造成的，也属于科技发展的坏处。

正方：这么说的话，菜刀会伤人，咱不用菜刀了，大家都去学空手道用来切菜吧！人类滥捕杀与科技无关，要怪就怪人类的贪欲太大，毕竟枪不会自己杀动物。不能把任何事都怪罪到科技头上。就像把载体比做是一匹马，人是马车夫，而身后的马车上装着货物，也就是科技。如果马走的方向错了，也就是人们把科技向坏的方向发展，那马车夫是用自己手头的鞭子打马还是打科技？这是一个简单的例子，但却说明环境的好坏不在于科技，而在于人类本身把科技往哪用。它是把双刃剑，一方面能够砸烂愚昧和落后，另一方面也可能带给人类无尽的灾难。你往好处使就好，但如果你往坏处使，结果则不然。再说了如果没有杂交水稻，大家每年要吃半年树皮；没有青霉素，大家都得肺结核……难道科技发展就一定会破坏环境吗？

反方：那熊猫呢？

正方：达尔文曾经说过："适者生存，这是自然法则。"而熊猫的繁殖能力本来就比其他动物弱，加上对食物的挑剔和单独居住的习性，使得熊猫濒临灭绝。你看人家蟑螂，即使原子弹爆炸，那儿的蟑螂还不是照样在那"奔小康"？况且，科学还可以帮助熊猫，为它们疗伤和接生。多好啊！

反方：人身安全越来越没保障。现在平均每天都有数以万计的犯罪行为发生，而其犯罪手段大多都与当下时新科技相关。尤其是枪械犯罪，更是让普通人民防不胜防。而从第二次世界大战我们已经可以看出，随着科技的发展，现在的战争所造成的破坏与损失以远远不是以前可比，甚至有可能造成人类灭亡的命运。

正方：你们的观点真是"一叶障目，不见泰山"！以前，由于清政府的腐败无能，我们闭关锁国，使得中国的科技及军事发展远远落后于西方，别人的枪打得响，炮口径大，战船坚固耐轰。就当别人虎视眈眈准备侵略我们的时候，我们中国拿的还是矛和盾。结果，义和团输给了八国联军。这是历史血腥的教训，尽管我们不推崇战争，但作为一个鼎立在世界上的强国，我们应该具备优秀的军事科技，打好国防基础，难道不是吗？

反方：人类身体素质大不如前。随着科技发展，汽车、火车、飞机等各种交通工具的出现使人类的日常生活发生了重大改变，人类已经不再总是依赖自己的两条腿，因而现在的人类的身体素质和以前已经不能相提并论。以前项羽"力拔山河气盖世"，这在

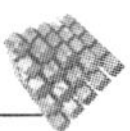

当今的社会已经是不可能再出现的了。而这种情况继续发展下去则有可能使人的四肢萎缩，使人类出现一个新的形态。

正方：嘿，告诉你们吧，即使你把项羽从古代请过来，他也不大可能进入奥运会举重前十几名。因为奥运会也是国与国之间的一场科技较量。当重量超过了人的极限的时候，就得靠科技来帮忙。在训练的时候，教练会给运动员看录像，和他一起分析提、拉、反腕、挺举时应用哪块肌肉、该举到什么高度，然后强化训练肌肉。这都需要科技。况且，科技就是要为人类带来便捷。反方的四位同学，我问你们，你们有谁出门全靠两条腿，上学放学一直自己走回家的？你们不也一样使用交通工具吗？其实项羽的诗句只是用来述志罢了，有夸张的手法，难道你们真信项羽能把山拔起来？

反方：各种新兴病菌不断出现，很多病菌的杀伤力已经远远超过以前的病菌的破坏力。这是由于医药科技的迅速发展加快了病毒的变种，以至于科技的发展速度已经跟不上病毒的变种速度，或许有一天人类会灭亡于某一场大的瘟疫。

正方：那是因为人类的科技跟不上啊，如果跟得上，咱就可以研发更多杀死病菌的药物了。请反方不要把眼光只放在科技的坏处上，我们生活在地球上的每一个人无时无刻不在享受着科技的成果。包括反方的四位同学，我相信，你们手头所用来反驳我们的资料，都是从网上或报纸上弄来的，那也是科技。凭你们自己的良心说话，你们难道真的认为科技不应该出现在地球上吗？

总结（正方）：

2008 年 5 月 12 日 14：28，我相信大家对这个时间一定不陌生。就在那时，一场里氏 8.0 级的大地震袭击了四川省汶川县，后面的故事大家都知道。但大伙儿想一想，是什么把解放军官兵通过水路送到灾区？是什么把救援物资通过空投送到灾区？是什么第一时间打通了到汶川的公路？是什么帮助人们锯开钢筋挖出伤者？是什么帮医生把抢救出来的伤员从死亡线上拉回来？——是冲锋舟，是直升机，是挖掘机、电锯和医疗设备。这，就是科技的力量！我们应该继续发展科技，造出能抗震的房子，令更多的人幸免于难。这次的天灾，更坚定了我们的观点：科技发展，利在千秋！

【训练步骤】

1. 确定好辩论话题。
2. 确定好辩论的正反方。
3. 收集各自的资料。
4. 展开辩论。

注：这里的辩论训练是指简单辩论，是就某一问题正反两方学生可以有序地发表各自的看法，整个组织也不是像正规辩论赛那么严格。

【训练题目】

1. 职业学校的学生是否适宜谈恋爱。
2. 雷锋精神有没有过时。
3. 文化基础课对专业是否有帮助。

第十三章　如何安慰

【训练主题】学会如何去安慰别人。

【训练目标】

1. 让学生了解安慰的一些基本要求。
2. 让学生掌握安慰的基本技能技巧。
3. 学生能在情景中进行恰当的安慰。

【相关知识】

一、什么是“安慰”

人生在世，命运就显得神秘莫测。不如意、烦恼，甚至不幸和痛苦时常会出现。因此，我们经常会得到别人的安慰。

安慰就是安顿抚慰。我们在日常生活中常会用带有欢娱、希望、保证以及同情心的语句来减轻、安抚或鼓励朋友、家人，这就是安慰。

安慰别人也是每个人都应该做的，那么如何安慰别人呢？这就需要我们来学习。

二、安慰的功能

安慰就是慰藉，就是在当对方需要安抚的时候通过巧妙的劝慰使对方心情安适。如果说赞美是锦上添花，那么安慰则是雪中送炭。安慰的功能主要是满足人们需要温情的心理，主要有下面两点。

1. 满足人们心理慰藉的需求

安慰的本身是安慰者传递温情的表示，而对被安慰者来说得到必要的慰藉也是必然的心理需求。所以，安慰不能掺杂进不必要的怜悯，否则会伤害被安慰者的自尊心和自信心，也不能起到安慰的积极作用。

2. 激励

游客在不顺利的时候可能会心情烦躁，甚至会失去对自己或对他人的信心。这时候有经验的导游员就会用激励的方式去安慰游客，这种激励式的安慰既能够消除对方的苦恼，又能够增强其自信。反之，导游员如果被对方的情绪感染，顺着对方的消极心理说一些泄气的话，不仅不能解脱对方的烦恼，反而会陡然加重对方的痛苦。

三、“安慰”的要点

1. 学会倾听

安慰人，听比说重要。一颗沮丧的心需要的是温柔聆听的耳朵，而非逻辑敏锐、条理分明的脑袋。聆听是用我们的耳朵和心去听对方的声音，不要追问事情的前因后果，

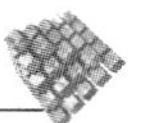

也不要急于作判断，要给对方空间，让他能够自由地表达自己的感受。这种倾听不是听其叙述一件事情，而是听其把郁积在心、解不开的情绪发泄出来。倾听是一种关怀，是一种默默的支持与力量，不需要太多的技巧，只需要一些耐心、一些爱心。如果你能够保持着慈悲之心去倾听他人，那么，只要很短的时间，你就有可能使对方的心灵得到安慰，从而使他摆脱痛苦。

2. 学会接纳

安慰他人不仅要倾听、理解当事人的苦恼，还要体会、认同他的这些苦恼。很多人都喜欢按照自己的经验和习惯将他人的苦恼进行定义，对于那些不符合自己经验和习惯的东西总是难以接受而妄加评断。在安慰的过程中，一旦被安慰者觉察到了这一点，就会在诉说的时候产生抗拒。比如一位心理救援人员这样安慰一位妇女："我知道，你的爱人死了。没关系，失去了丈夫以后还可以再找。"而另一位援助者则对刚死里逃生的男士说："你已经够幸运了，起码还有胳膊有腿呢。"他们的做法让被安慰者紧紧地闭上嘴，不再表露任何话语和情绪。

因此，安慰他人，你要放弃自己某些根深蒂固的观念，真正站在对方的角度去看他所面临的问题。这就是心理专家说的"放下自己的世界，去接受别人的世界"。

3. 学会陪伴

如果悲伤中的朋友什么话都不想说，什么事也不想做，那么就给他们提供一个安静的环境，让他们暂时躲避现实世界。你可以静静地坐在他身边，默默地守候着。

另外我们也可以邀请那些陷入悲痛中的朋友出去散散心，这也是陪伴安慰他们的一种好方法。这样可以使他们慢慢忘记那些悲伤的过去，重新燃起生活的希望。可以考虑邀请他们出去游玩，逛逛商场、看看电影、听听音乐、游游泳、爬爬山，总之换换环境，可以帮助他减压。

4. 学会寻找话题

为了让那些深深陷入悲痛之中的人开口说话，我们可以选择适当的话题和方式，让他们把心中的悲伤宣泄出来。

四、安慰的技巧

对照这些技巧，你是不是就能理解为什么有时候我们煞费苦心的安慰却没有效果甚至还会弄巧成拙呢？试着运用这些技巧，你的安慰一定会更加管用！

安慰的技巧有很多，如体贴式、比较式、实例式、允诺式等，在导游交际过程中常用的主要有体贴式、允诺式两种技巧。

1. 体贴式

体贴式安慰主要是以情感沟通为主要目的的安慰。

以导游为例，导游对游客的安慰必须是从游客的心理需要出发，不仅要晓之以理，而且要动之以情，达到与游客情感上的交融。在安慰中，导游员与游客的情感沟通十分重要，导游员感情上的特别关注能够融化游客心中的各种消极的感觉，从而起到积极的作用。

例文：

两位游客没有在约定时间到达指定地点集合，全体游客等了他们很长时间。当他们最终到来时，有些游客会明显地表现出对他们的不满，这往往会使事态往不良的方向发展。这时，细心的导游员很快就会发现迟到的游客不是故意地不配合，而是事出有因。这位导游员很快地就这两位游客迟到的客观原因向其他游客作了解释说明，希望大家谅解，并真诚地安慰这两位游客说："在旅程中人生地不熟，会有许多偶然情况发生，你们一定着急死了，我太理解你们现在的心情了。不过忍耐一点，大家的抱怨也是正常的，一定忍着点啊！大家这种不满情绪一会儿就过去了，一定请你们相信我。"这种体贴式的安慰既使迟到的游客受到了极大的感动，又使其他一些牢骚满腹的游客的过激反应平息了。

这位导游员的安慰对象实际上有两方面：一方面是迟到的游客，一方面是等待的游客。导游员上述的表达十分巧妙，沟通了与双方的情感，使两方面的游客都得到了妥当的安慰，消除了将会影响整个旅游团的不良情绪，使事态一下子得到了积极扭转。

2. 允诺式

有时我们会用允诺式的安慰，主要是在尽可能的情况下以补偿式的承诺安慰别人。

例文：

一艘在长江三峡上航行的游轮因航道问题，使计划中的白天经过"神女峰"的行程改成夜间通过，因而使游客们无法领略到向往已久的神女峰的雄姿神韵，遭到游客们的非议。当导游员听说旅行团将改变白天欣赏神女峰的计划时，他立刻找船方交涉。当最终无法改变现状时，导游员就与船方进行谈判，船方终于同意采取一定的补偿措施。导游员这时就直接向游客解释说明真实的情况，并向游客承诺：向乘坐该游轮的客人无偿赠送包含神女峰风光在内的VCD三峡风光片，另外将次日的晚餐变更为丰盛的晚宴。同时导游再进一步安抚客人说："送一盘光碟、一顿好饭是无法补偿漏景之憾的，但因长江水域船舶总协调的原因，船方也是迫不得已才改变计划的。好在来日方长，长江三峡四季的美景各有特点，祝愿朋友们再次畅游三峡，我也盼望着再为各位导游，并且我也一定努力提高导游水准，届时为诸位献上更诚挚的服务。"

游客们得到了这样到位的安慰，就算还有什么不满意，也能够给予一些理解，也就不太好意思再激烈抨击改变计划一事了。游客的情绪稳定了，心态就会比较正常，有些话就能够听进去，就能够愉快地与导游员配合，这样导游员的安慰工作就做成功了。

【训练步骤】

1. 确定需安慰的对象。
2. 了解对方的一些情况。
3. 有针对性地进行安慰。
4. 师生进行点评。

【训练题目】

1. 一位身体不舒服的同学被班委当做上课睡觉而记录下来。那位同学心里很是委屈，你将如何对他进行安慰？

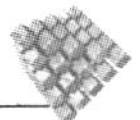

2. 一位同学心爱的一张纪念邮票被他要好的同学弄坏了，心里很不高兴，你将如何去安慰他？

3. 班级篮球赛因为一位队员发挥不好而输了比赛，他心里也很郁闷，你该如何去安慰他？

第十四章　学会赞美

【训练主题】学会如何去赞美别人。

【训练目标】

1. 让学生了解赞美的作用。
2. 让学生掌握赞美的基本技能技巧。
3. 学生能对身边的人表达自己的赞美。

【相关知识】

一、赞美的作用

赞美是一种有效的交往技巧，能有效地缩短人与人之间的人际心理距离。学会赞美是对他人的品格行为、审美尺度、工作业绩的肯定，并能显示出自己坦荡的胸怀。在与他人相遇、交流中，如在美好的气氛下相交相处，能创造出难以估计的效果。

二、赞美的原则

1. 赞美必须真诚

这是赞美的先决条件。

只有名副其实、发自内心的赞美，才能显示出它的光辉、它的魅力。其一，赞美的内容应该是对方拥有的、真实的，而不是无中生有的，更不能将别人的缺陷、不足作为赞美的对象。比如，对一个嘴巴大的人，你夸他："瞧，你的小嘴多可爱!"或对一个胖子说："呀，你多苗条!"还有比这更糟糕的赞美吗？对一个不懂音乐的乐盲说我们喜欢他的歌声，那么对方不仅不会感谢，还会十分地生气。这种虚伪的赞美不但不会换来好感，反而会使人反感，甚而造成彼此间的隔阂、误解，甚至反目。其二，赞美要真正发自肺腑，情真意切。言不由衷的赞美无疑是一种谄媚，最终会被他人识破，只能招来他人的厌恶和唾弃。当我们见到一位其貌不扬的小姐时，却偏要对她说："你真是美极了。"对方立刻就会认定这是虚伪之至的违心之言。但如果着眼于她的服饰、谈吐、举止，发现她这些方面的出众之处并真诚地赞美，她一定会高兴地却之不恭。

2. 赞美要适时

交际中认真把握时机，恰到好处的赞美是十分重要的。当你发现对方有值得赞美的地方时，就要善于及时大胆地赞美，千万不要错过机会。赞美要像"嗑瓜子"。瓜子，大家都嗑过，无论喜欢与否都很容易拿起一个放到嘴边，一旦吃上第一个，就停不下来。大多数情况下，人们会一直吃下去，直到吃完为止。为什么会是这样呢？其中有一个重要的原因：每嗑开个瓜子，人们马上就会享受到一粒瓜子仁，这对嗑瓜子的人来说是一个及时回报，就是这种及时的回报发挥着作用，激励人们不停地去嗑。

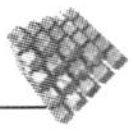

3. 赞美要切境得体

切合语境和得体妥帖是人们衡量理想的语言表达效果的一个重要标准，也是赞美的一个重要原则。所谓切境得体，就是要求赞美与表达时的语境要适合，并且能够选择最佳的表达手段或方式，以取得最佳的赞美效果。可见，赞美也不是随便拿过来一句好话就能说的，而是要考虑到被赞美对象的各种因素，包括其职业身份、文化程度、性格爱好、处境心情以及与赞美者的特定关系等，这些因素直接影响着赞美的效果，所以必须因人而异地恰当赞美，否则，就会产生不良的后果。

例文：

小琴自己经营一家公司，每天接待客户，还要管税务和财务，忙得不可开交。生活真是让她忙得没有照顾自己的时间，一丝伤感总是悄然袭上心头。合作伙伴刘峰看到她的眼神和举动，走上前去，递给她一杯香浓的咖啡：“休息一会儿，小琴，你永远是最美丽和能干的!”小琴喝下了咖啡，同时心头的阴影也因此一扫而空！正是因为和对方此情此景之时的想法合拍，刘峰一句简单的话就起到了他所要达到的效果。

三、赞美的技巧

赞美别人，仿佛用一支火把照亮别人的生活，也照亮自己的心田，有助于发扬被赞美者的美德和推动彼此友谊健康地发展，还可以消除人际间的龃龉和怨恨。赞美是一件好事，但绝不是一件易事。赞美别人时如不审时度势，不掌握一定的赞美技巧，即使你是真诚的，也会变好事为坏事。所以，开口前我们一定要掌握以下技巧。

1. 间接赞美式

所谓间接赞美就是借第三者的话来赞美对方，这样比直接赞美的效果往往好得多。比如你见到某甲，你对她说：“前两天我和某乙谈起你，她对你推崇极了。”无论事实是否真的如此，反正某甲绝对不会去调查是否属实的，但他对你的感激肯定会超乎你的想象，如果碰巧某乙又是某甲平素很敬重的人，那么他对你的感谢会更深。

间接赞美的另一种方式就是当事人不在场时进行赞美，这种方式有时比当面赞美所起的作用更大。一般来说，背后的赞美都能传达到本人。直接听到的赞美，远远不如间接得到的赞美来得更有效。赞美别人最好的办法不是拍着肩膀吹嘘，而是通过交际圈中无处不在的关系网。这样既不会让人怀疑我们是拍马屁的阿谀小人，对方也会因为我们的赞美而开心。

2. 细节赞美式

空泛化的赞美虚幻、生硬，使人猜疑动机，而具体化的赞美，则显示真诚。赞美要找出可赞之处，要用眼睛去发现、去挖掘，多注意细节。

法国总统戴高乐1960年访问美国时，在一次尼克松为他举行的宴会上，尼克松夫人费了很大的心思，布置了一个美观的鲜花展台，在一张马蹄形的桌子中央，鲜艳夺目的热带鲜花衬托着一个精致的喷泉。精明的戴高乐将军一眼就看出这是主人为了欢迎他而精心设计制作的，不禁脱口称赞道：“夫人为举行这次正式宴会一定花了很多时间来进行漂亮、雅致的计划与布置吧!”尼克松夫人听后十分高兴。事后，她说：“大多数来访的大人物要么不加注意，要么不屑因此向女主人道谢，而他却总是能想到别人。”

3. 雪中送炭式

最有效的赞扬不是“锦上添花”，而是“雪中送炭”。最需要赞扬的不是早已美名天下扬的人，而是那些自卑感很强、被错当成“丑小鸭”的“白天鹅”。他们平时很难听到一声赞扬，一旦被人当众真诚地赞美，就有可能尊严复苏，自尊心、自信心倍增，精神面貌焕然一新。最值得赞扬的，不应是他身上早已众所周知的明显长处，而应是那些蕴藏在他身上、尚未引起重视的优点。这种赞扬，为进一步开发他潜在的智慧与力量开辟了一个新领域，有助于他在攀登事业高峰的征途上更上一层楼。

4. 对比显长式

对比显长式的赞美常常是以他人之短来对比赞美对象之长。使用这种方式，一定要特别讲究表达方式，追求良好的表达效果。首先，赞美对象的“长”是清晰而具体的，比较对象的“短”则应该是笼统而模糊的，不能指向特定对象，否则，就会影响赞美的效果。其次，比较时不能当着有“短”的一方的面说，否则就会伤害这一方，赞美的效果同样要受到影响。比如，一位导游员赞美一位老年游客的毛衣外套，说：“您的外套真是太好看了，这种花色与款式的妙处只有像您这样有眼光的长辈才能发现，现在的年轻人就不太会体会其中的审美效果。”老年游客听了以后当然高兴，但是一定不能当着年轻游客说这种话，否则，会引起年轻游客的不满。

5. 否定式

否定式赞美最重要的技巧就是搞笑和幽默，缺乏了幽默的调料，这种“嘲弄”就会变得伤人，显得硬邦邦的，让人难以接受。但运用得当，产生的效果是明显的。比如姜文批评冯小刚时说：冯小刚有两个缺点，一是心不够狠，二是人太自恋。从不接受批评的冯小刚听了后，高兴得很，连说他最喜爱姜文的批评，这个批评很诚恳。

掌握赞美的技巧，养成善于赞美的习惯，会使你拥有无尽的人缘，拥有更多的快乐。赞美会使你我生活在一个更为美好的世界。

四、拓展阅读

“当我们想改变别人的时候，为什么不用赞美来代替责备呢?”

——戴尔·卡耐基

例文：赞美的力量

人人都渴望掌声与赞美，哪怕只是一句简单的赞语，都会给人带来无比的温馨与振奋。有位企业家曾经说过：“人都是活在掌声中的。当下属被上司肯定、受到嘉奖的时候，他才会更加卖力地工作。”纵然部属只有一点点的进步，我们也应该赞美他，因为这样才能激励他不断地改进。

玛丽·凯公司的老板玛丽·凯·阿什就是深深懂得赞美的力量的人。“人们嘴上要你批评他，其实心里只要赞美。”玛丽·凯认为，人天性喜欢被人赞美而不喜欢被人批评。所以，她在自己的公司中倡导了一种重要的管理原则——赞美。为了赞美，从玛丽·凯这位最高领导到最下层的主管，都细心努力地发现每一个员工的优点，不放过任何一个给予赞美的机会。有这样一个小例子：业务督导海伦新招进一位美容顾问，这位顾问讲了三个晚上的美容课，却没有卖出一美元的化妆品。在第四次课时，她卖出了35

美元的产品。尽管这 35 美元的产品和其他的顾问一次卖出一两百元的美容产品相比，算不得什么，但海伦却大加赞赏："你的美容课卖出了 35 美元，实在太棒了！你很有前途的。"这样的赞美，使这位美容顾问很受鼓舞，从此与美容业结下了不解之缘，一直做了下去，并升做了业务督导。

玛丽·凯认为，赞美具有树立个人自信心的神奇力量，一个人如果每一个小成就都受到了赞美，他就会有信心去尝试争取更大的成就。在玛丽·凯的公司里面，数以千计的业务督导都是在不断的赞美声中走向成功的。缘于此，玛丽·凯化妆品公司的网络不断地扩展。

为了赞美，玛丽·凯甚至出版了一本专门的月刊——《喝彩》。《喝彩》杂志主要是对销售、招募新人、团队领导方面有杰出表现的前 100 名员工给予赞美。几十万名职工无不企图跻身其中，因而在工作上你追我赶，公司事业蒸蒸日上。"赞美是一种有效而又不可思议的力量。很不幸，许多管理人员不愿意加以利用。"玛丽·凯肯定而又遗憾地说。

的确如此，赞美能够使员工对自己更加自信、对工作更加热爱，能够鼓励员工提高工作的效率。作为主管，对于这种不需要成本激励而效果明显的"武器"，为什么不经常使用呢？

【训练步骤】

1. 确定赞美的对象。
2. 找出对象值得赞美的地方。
3. 向对方表达你的赞美之词。

【训练题目】

1. 有一对新婚夫妇定做了一套家具，有一天，你前往拜访，你用欣赏的眼光打量起家具和居室的安排，你会如何赞美？
2. 运用以上的知识，每组派一个代表对班上某位同学进行赞美。比一比，看哪一组代表赞美得让人愿意接受。
3. 赞美你的父母、兄弟、姐妹、朋友、同桌等。

第十五章　怎样说服

【训练主题】学习说服的基本知识，练就说服的技能技巧。

【训练目标】

1. 让学生了解说服的一些基本知识。

2. 让学生在说服训练中进一步掌握说服的基本技能技巧。

【相关知识】

一、说服的定义

说服，是以求得对方的理解和行动为目的的谈话活动。因此，说服的最大特征，就是在于引起对方的关注。如果单方面地述说自己的想法，或将自己的想法强加在他人的头上，说服就不可能获得成功。

也就是说，说服的关键在于帮助对方产生自发的意志。因此，说服不是为了使对方在理论上获得理解而进行的“解说”，也不是迫使对方在无奈之下付诸行动的“劝说”。

人们常说：“人生，就是从不间断的说服。”尤其是在商务领域，那里汇集着各种性格不同的人，为了达到共同的目标，大家必须同心协力，因此说服的场面更是俯拾皆是。因此说工作就是不间断的说服，也并不过分。

说服力就是“什么人”、“说什么”和“怎么说”的综合。它是从“劝说者的人品”、“说服内容的分量”、“劝说者的应变能力”这三种要素的综合效果中产生的，不可能被某一种单一的技巧所替代。所谓的说服，就是包括这些要素，并事先预测到所有可能发生的事。

由此看来，培养自己说服别人的能力，实质上就是培养一种综合的谈话能力。它在谈话中的作用不可小视。

二、说服前的准备

说服别人首先要让对方信服你，认为你的话语有一定的可信度。这样，你就需想方设法，用最平和的态度和话语让对方对你产生兴趣和依赖。

你可以在话语中设置悬念，可以引经据典，可以现身说法，总之，你的语言一定在牵扯对方，让对方觉得你的话语符合实际、很中听。这样，对方就会在不知不觉间对你的说法给予肯定和接受。

三、说服的技巧

在生活中需要说服的对象有很多，他可能是你的父母、你的上司、你的顾客、你的朋友、你应聘的主考官……在生活中，随时可能遇到要说服别人的情况，如果不掌握技

巧，说服就难以达到理想的效果，为此本章总结了六种说服技巧。

（一）调节气氛，以退为进

在说服时，你首先应该想方设法调节谈话的气氛。如果你和颜悦色地用提问的方式代替命令，并给人以维护自尊和荣誉的机会，气氛就是友好而和谐的，说服也就容易成功；反之，在说服时不尊重他人，拿出一副盛气凌人的架势，那么说服多半是要失败的。毕竟人都是有自尊心的，就连三岁孩童也有他们的自尊心，谁都不希望自己被他人不费力地说服而受其支配。

例文：

有一位中学老师接管了一个差班班主任工作，正好赶上学校安排各班级学生参加平整操场的劳动。这个班的学生躲在阴凉处谁也不肯干活，老师怎么说都不起作用。后来这个老师想到一个以退为进的办法，他问学生们："我知道你们并不是怕干活，而是都很怕热吧？"学生们谁也不愿说自己懒惰，便七嘴八舌说确实是因为天气太热了。老师说："既然是这样，我们就等太阳下山再干活，现在我们可以痛痛快快地玩一玩。"学生一听就高兴了。老师为了使气氛更热烈一些，还买了几十个雪糕让大家解暑。在说说笑笑的玩乐中，学生接受了老师的说服，不等太阳落山就开始愉快地劳动了。

（二）争取同情，以弱克强

渴望同情是人的天性，如果你想说服比较强大的对手时，不妨采用这种争取同情的技巧，从而以弱克强，达到目的。

例文：

有一个15岁的山区小姑娘，不幸被拐到上海。当天晚上，天下着小雨，小姑娘的房门被打开了，一个中年上海"阿拉"走了进来。小姑娘的心跳到了嗓子眼儿。不过，她还是很快地镇静下来，机智地叫了声："伯伯！"中年"阿拉"一愣，人像是被魔法定住了似的。小姑娘小心翼翼地说："我一看伯伯就是好人，看你的年龄，与我爸差不多，可我爸就比你苦多了，他在乡下种田，去年栽秧时，他热得中暑……"说着说着，眼泪就哗哗地流下来。"阿拉"的脸涨得通红，短暂的沉默后，低低地说了一句："谢谢你，小姑娘。"然后开门走了。面对强壮的"阿拉"，何不让自己显得更弱小，来激发他的同情心呢？聪明的小姑娘正是这样做的。一句"伯伯"，一下子拉开了两人年龄距离，让"阿拉"不由得想起自己那同样处于花季的儿女。同情的种子开始在他心头萌发了。接着小姑娘又不失时机地给他戴上一顶"好人"的帽子，诱导他的心理向"好人"标准看齐。用"我爸"和"阿拉"对比，进一步强化了"阿拉"的同情心理。

（三）善意威胁，以刚制刚

很多人都知道用威胁的方法可以增强说服力，而且还不时地加以运用。这是用善意的威胁使对方产生恐惧感，从而达到说服目的的技巧。

例文：

在一次集体活动中，当大家风尘仆仆地赶到事先预定的旅馆时，却被告知当晚因工作失误，原来订好的套房（有单独浴室）中竟没有热水。为了此事，领队约见了旅馆经理。

领队：对不起，这么晚还把您从家里请来。但大家满身是汗，不洗洗澡怎么行呢？

何况我们预定时说好供应热水的呀！这事只有请您来解决了。

经理：这事我也没有办法。锅炉工回家去了，他忘了放水，我已叫他们开了集体浴室，你们可以去洗。

领队：是的，我们大家可以到集体浴室去洗澡，不过话要讲清，套房一人50元一晚是有单独浴室的。现在到集体浴室洗澡，那就等于降低到统铺水平，我们只能照统铺标准，一人降到15元付费了。

经理：那不行，那不行的！

领队：那只有供应套房浴室热水。

经理：我没有办法。

领队：您有办法！

经理：你说有什么办法？

领队：您有两个办法：一是把失职的锅炉工召回来；二是您可以给每个房间拎两桶热水。当然我会配合您劝大家耐心等待。

这次交涉的结果是经理派人找回了锅炉工，40分钟后每间套房的浴室都有了热水。

威胁能够增强说服力，但是，在具体运用时要注意以下几点：

第一，态度要友善；

第二，讲清后果，说明道理；

第三，威胁程度不能过分，否则反会弄巧成拙。

（四）消除防范，以情感化

一般来说，在你和要说服的对象较量时，彼此都会产生一种防范心理，尤其是在危急关头。这时候，要想使说服成功，你就要注意消除对方的防范心理。如何消除防范心理呢？从潜意识来说，防范心理的产生是一种自卫，也就是当人们把对方当做假想敌时产生的一种自卫心理，那么消除防范心理的最有效方法就是反复给予暗示，表示自己是朋友而不是敌人。这种暗示可以采用种种方法来进行：嘘寒问暖，给予关心，表示愿给帮助等。

例文：

有个“的姐”（出租车女司机）把一男青年送到指定地点时，对方掏出尖刀逼她把钱都交出来，她装做害怕样交给歹徒300元钱说：“今天就挣这么点儿，要嫌少就把零钱也给你吧。”说完又拿出20元找零用的钱。见“的姐”如此爽快，歹徒有些发愣。“的姐”趁机说：“你家在哪儿住？我送你回家吧。这么晚了，家人该等着急了。”见“的姐”是个女子又不反抗，歹徒便把刀收了起来，让“的姐”把他送到火车站去。见气氛缓和，“的姐”不失时机地启发歹徒：“我家里原来也非常困难，咱又没啥技术，后来就跟人家学开车，干起这一行来。虽然挣钱不算多，可日子过得也不错。何况自食其力，穷点儿谁还能笑话我呢！”见歹徒沉默不语，“的姐”继续说：“唉，男子汉四肢健全，干点儿啥都差不了，走上这条路一辈子就毁了。”火车站到了，见歹徒要下车，“的姐”又说：“我的钱就算帮助你的，用它干点正事，以后别再干这种见不得人的事了。”一直不说话的歹徒听罢突然哭了，把300多元钱往“的姐”手里一塞说：“大姐，我以后饿死也不干这事了。”说完，低着头走了。

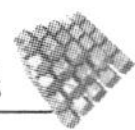

在这个事例中，“的姐”典型地运用了消除防范心理的技巧，最终达到了说服的目的。

（五）投其所好，以心换心

站在他人的立场上分析问题，能给他人一种为他着想的感觉，这种投其所好的技巧常常具有极强的说服力。要做到这一点，“知己知彼”十分重要，唯先知彼，而后方能从对方立场上考虑问题。

例文：

某精密机械工厂生产某项新产品，将其部分部件委托小工厂制造。当该小厂将零件的半成品呈示总厂时，不料全不合该厂要求。由于迫在眉睫，总厂负责人只得令其尽快重新制造。但小厂负责人认为他是完全按总厂的规格制造的，不想再重新制造。双方僵持了许久。总厂厂长见了这种局面，在问明原委后，便对小厂负责人说：“我想这件事完全是由于公司方面设计不周所致，而且还令你吃了亏，实在抱歉。今天幸好是由于你们帮忙，才让我们发现竟然有这样的缺点。只是事到如今，事情总是要完成的，你们不妨将它制造得更完美一点，这样对你我双方都是有好处的。”那位小厂负责人听完，欣然应允。

（六）寻求一致，以短补长

习惯于顽固拒绝他人说服的人，经常都处于“不”的心理组织状态之中，所以自然而然地会呈现出僵硬的表情和姿势。对付这种人，如果一开始就提出问题，绝不能打破他“不”的心理。所以，你得努力寻找与对方一致的地方，先让对方赞同你远离主题的意见，从而使之对你的话感兴趣，而后再想法将你的主意引入话题，而最终求得对方的同意。

例文：

有一个小伙子固执地爱上了一个商人的女儿，但姑娘始终拒绝正眼看他，因为他是个古怪可笑的驼子。

这天，小伙子找到姑娘，鼓足勇气问：“你相信姻缘天注定吗?”姑娘眼睛盯着天花板答了一句：“相信。”然后反问他：“你相信吗?”他回答：“我听说，每个男孩出生之前，上帝便会告诉他，将来要娶的是哪一个女孩。我出生的时候，未来的新娘便已经配给我了。上帝还告诉我，我的新娘是个驼子。我当时向上帝恳求：‘上帝啊，一个驼背的妇女将是个悲剧，求你把驼背赐给我，再将美貌留给我的新娘。’”当时姑娘看着小伙子的眼睛，并被内心深处的某些记忆搅乱了。她把手伸向他，之后成了他最挚爱的妻子。

（七）动摇原观念，建立新信念

要说服别人改变其想法就必须让他产生怀疑，让他产生怀疑的方法就是不断地反问，当他产生怀疑的时候你再给他一个新的概念和观点并不断地加强，最后就会形成其新的信念。

例文：

问：你为什么会认为男人没有好东西呢?

女儿：妈妈告诉我的，也是我自己谈了两个男朋友的经验得来的。

问：你认为的坏男人的标准是什么？
女儿：不知道。
问：你妈妈说的就一定是对的吗？
女儿：不一定。
问：你才谈了两个男朋友就一定认为男人没有好东西吗？
女儿：？
问：中国有13亿人，符合你的年龄段的男孩子就算一万个有没有？
女儿：有。
问：两个更多还是一万个更多？
女儿：当然一万更多。
问：有没有可能你谈的两个是坏男人，其余的9998个都是好男人？
女儿：有可能。
问：既然有可能那男人都没有好东西吗？
女儿：……（默认）

建立新信念：不是所有的男人都是坏男人，只不过你还没有碰见好男人，确立好男人的标准，知道自己适合什么样的男人，坚持不懈一定能找到属于你的幸福。

【训练步骤】

1. 举几个例子，让学生尝试去说服。
2. 情景练习如何说服。
3. 教师进行点评。

【训练题目】

1. 在公车上，一位孕妇还带着个3岁左右的小孩，此时已没有座位，你如何劝说一个年轻人给这位孕妇让座？
2. 假如你是一间服装店的服务员，你如何说服顾客买你推荐的衣服呢？
3. 假如一位同学因受某种打击想不开，想自杀，你将如何说服？

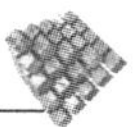

第十六章　巧妙批评

【训练主题】掌握技巧，巧妙批评。

【训练目标】

1. 认识批评，了解什么时候该运用批评。

2. 在不同情况下，如何采用不同方式进行巧妙批评。

【相关知识】

一、我们是否需要批评

1. 为什么要批评

“批评”这一个词并非贬义词，它跟“表扬”一样，都带有激励的效果，其目的是劝说对方改正不正确的思想和行为，预防类似的问题再次发生。所以我们要明白，进行批评并不是有意识地针对，其最终的目的是帮助别人改正错误。青少年对错误的辨别和认识比较模糊，也很难在恰当的环境中运用准确的方法对别人进行合理的批评，所以，我们必须探讨这门艺术，学习如何巧妙地进行批评。

2. 真的需要批评吗

金无足赤，人无完人。正所谓：“人非圣贤，孰能无过?”谁也不敢说这辈子没有犯过错误，问题是中学生还没有接触社会，没有批评下属的可能性，在家里辈分也小，很少遇到批评家人的情况，反而在人际交往中，朋友或多或少会出现这样那样的小错大错，有时候，对朋友提出合理的批评是必要的。但正是“合理”这两个字用起来并不容易，所以我们应该更加谨慎地选择对实际的情况是否需要采取批评的手法。

首先，必须弄清真相再选择批评。

例文：

陈梅是班里的一名纪律委员，每次自习课她都很烦恼：班里号称“齐天大圣”的刘志震不是说话就是离开座位，甚至有几次还对路经的学生会成员说脏话。陈梅好声好气地劝说了他几回也没有效果，批评他他却充耳不闻，半学期下来，陈梅觉得这个同学实在难搞。这不，今天刘志震又迟到了，看他大汗淋漓、黑眼圈很重、衣衫不整的模样，陈梅感觉他一定晚上上网打游戏打通宵，早上迟到了。这次她觉得不能再容忍这样的违纪行为了，她批评了刘志震一顿，还把他以前犯过的错误也数出来了。刘志震当场脸色很难看，脖子都红了，一声不吭地回座位。陈梅觉得自己当纪律委员，最成功的就是这次了。

几天后，刘志震却忽然退学了。老师说他父亲在前天晚上遇到交通意外去世了，刘志震还坚持要上学，精神实在可嘉，可惜由于家庭经济突然发生变化，他没有能力继续读下去了。

陈梅一听，内心久久不能平静。

上面的故事中，陈梅懊悔的是自己批评错刘志震了。很多时候，对于自己不清楚的事情，不需要过急地进行批评。虽然刘志震一向“信誉”不佳，是名纪律涣散的学生，但这并不代表他的迟到一定就是由于贪玩造成的，恰巧他的迟到就是因为父亲遭遇交通意外了，如此一来，陈梅可是冤枉好人了。

凡事莫过急，拿不准的事情不要急于批评。

其次，适当有理再批评。

例文：

蓝玲玲与同班的朱小珍是好朋友，玲玲是打篮球的高手，是市女子篮球少年组的成员，朱小珍很渴望玲玲能教她打篮球的技巧。

有一次，玲玲在教小珍进篮的技术，由于是初学，小珍投 10 个球只有 2 个中，玲玲心里很焦急，怎么自己教了她那么多次了，她还是掌握不到投篮的要领？于是冲口而出一句：“你怎么有 8 个球都进不了？实在很糟糕！”小珍听后心里纳闷：我才学不久，至少有 2 个投中了吧，为什么还批评我？自此以后，小珍对篮球失去了热情，再也没有主动要求玲玲教她了，甚至连她们的友谊，好像也蒙上了点什么……

这就是不合理批评的结果了，玲玲其实焦急小珍为什么学不会，急于想她做得更好，出发点很正确。但是由于不加思考就说出这样一句批评的话，打击了小珍的热情，也浇灭了小珍的兴趣。

因而在批评之前，要想清楚批评是为了解决什么问题，不能乱批评，要想到批评是能拿出更好的解决方法帮助对方时，才进行批评。

二、批评的方法

1. 直接批评

直接批评的方法用于错误比较明显和比较严重，或者情势比较紧急的情况下。有时候有些人自觉性比较差，有错误了难以自我认识，不愿意认识和改正错误，我们就需要清晰地指出他的错误，直接指出错误的中心点，快速地达到教育的目的。

2. 间接批评

所谓间接批评，是采用委婉的做法，例如启发、提醒、暗示、诱导等手段，用含蓄的语言，将错误和缺点间接说出来，使对方自我发现问题所在、改正缺点。

在批评过程中，能做到不伤害感情，不引起别人憎恨，但又能改变别人，这就是最恰当的做法。

例文：

莫希朝所在的宿舍有 8 名同学，都是同一个班的。宿舍里的韩学照同学总是喜欢电话聊天，一个人占住电话不放，别人有急事也打不进来。身为舍长的莫希朝受了其他舍员的委托，要对韩学照这一行为进行批评教育。莫希朝十分苦恼，究竟用什么方式跟他沟通比较合适？

如果他采取直接批评法，不但让韩学照觉得尴尬难堪，也伤害了彼此同宿舍舍友的感情。最理想的方法，就是用间接批评法，莫希朝把韩学照叫出来，闲话家常的时候引

入了这个话题。

“如果宿舍其中一个同学不愿意做清洁，宿舍脏脏的，你觉得如何?”

韩学照毫不犹豫地说：“这样损人不利己的做法，当然不行啦!”

莫希朝马上引导他：“这些天，林俊说他妈妈老是打不进我们宿舍的电话，可急死了!”

韩学照马上意识到舍长想提醒他不应该老占着电话，他笑了笑。回到宿舍后，他从此也顾及了别人的感受，不再长时间占用电话了。

间接批评能达到不点破、含蓄地说出自己的建议的目的，让对方通过思考意识到自己的错误、改正自己的错误，是最温和的批评方式。

3. 告诫式批评

所谓告诫式批评，是批评者用务实、公正、理智的态度向被批评者指出若不改正自己的缺点和毛病，就可能产生不良后果，让他们自己认识到确有改正的必要。

例文：

冯立经常沉迷网吧，好朋友谭建告诉他说：“网络会荒废人的时光，我劝你还是多做些有意义的实际事，别老是在虚拟世界中停留了。”

把被批评者目前的所作所为将产生怎样的后果提前告诉他，就能引起对方的警觉，提醒他改变自己不良的习惯，也可以避免不好的情况出现。

4. 期望式批评

期望式批评能发挥赞美的作用，提升批评的效果和魅力。当别人犯了错误而有心改正时，你说一句“我相信你能做到的”，对方便能感受到你的信任，更好地激发他改正错误的决心。

人们得不到鼓励和赞美，接受的总是有刺的批评，内心多数不太能承受。但是，把批评用到赞美中来，鼓励多一点，期望多一点，批评的效果就达到了。我们作批评也是为了让别人改正错误，何不温柔点、善意点呢?

例文：

小云在清洁教室的时候总是很马虎，清洁后跟清洁前根本无两样。班主任把这个情况看在眼里，但是一直都没有公开批评她。有一天，小云如常地在地上写“花脸”，班主任笑着走过去，说：“小云，今天扫地也挺干净的呀，以前大家都说你不认真，我觉得你有进步了!”小云很不好意思，听着老师的赞扬，脸都红了，她明知道自己打扫得不干净，但是听到老师的赞扬，心里也过意不去了，于是以后在扫地的时候认真了不少。

人总是喜欢赞扬，不喜欢批评。所以，在批评里多加点期望，真的能改善问题哦!

三、批评需要注意的事情

1. 讲究尺度，动之以情

所谓的尺度，就是“点到为止”。批评不能过重，能使别人认识错误就足够了。通常我们只说出错误的行为，说出错误的事实，还有就是说出自己的见解就足够了，不需要过多追究。

另外，批评必须留有余地。不能一下把别人批得体无完肤，不能揭别人短处和隐私，更不要反复批评，这样会让别人感到难堪，也难以让人接受你的建议，批评就达不到效果了。

再者，批评的方法要恰当。多从“情”字入手，抓住对方的心理，用感情打动别人，这样的做法往往事半功倍。

2. 赞扬、批评、再赞扬

赞扬、批评、再赞扬，是一种心理政策。任何人喜欢听的都是赞扬，大家必须明白，从来没有十全十美的人，也没有一无是处的人，每个人都有优点缺点。对别人进行批评之前，要找到他们的长处，给予表扬和赞美。

比如说，班里一个学生迟到了，老师并没有急于批评，而是先赞扬了该同学这段时间成绩有进步了，课室清洁也搞得不错，随后话锋一转，接着说道，但是你今天就没有注意遵守纪律了哟，迟到是不好的事情，我相信你以后一定能改正，做得更加好的。这样一来，学生感觉到这个批评是可以接受的，没有产生抵触的情绪，效果好了很多。

3. 公正公平到位

批评必须公正公平，在了解清楚事实的基础上才进行，并且只对事不对人，批评对方别涉及其他人。同时，批评要一次到位，不要没完没了的批评。要知道“人无完人”，别人也许没有达到你的要求改正错误，但也不需苛刻地咬着别人短处不放。

【训练步骤】

1. 了解批评的形式，先进行自我批评。
2. 将心比心，看自己是否能接受这种批评。
3. 创设场景，让学生进行“批评”的口语训练。
4. 教师进行点评。

【训练题目】

1. 一群学生在教学楼间打闹，影响其他同学课间休息。下面请根据不同的身份，对同学们进行批评劝说。

如果你是隔壁班的同学，你会运用何种方式批评？

如果你是老师，你会运用何种方式批评？

如果你是正在清洁走廊的清洁工人，你又会运用何种方式批评？

2. 你的朋友小林获得了全国“圣陶杯”作文比赛一等奖，很多人向他祝贺，他顿时骄傲起来。你应以何种方式对他进行批评，让他不要骄傲，更加努力地学习？

第十七章　委婉拒绝

【训练主题】学习委婉拒绝的方式，让学生在人际交往中更有魅力。

【训练目标】

1. 让学生知道在适当的时候作出拒绝，积极表达自己的意愿。
2. 让学生掌握在各种不同场合下中作出适当的大方的拒绝的技巧。

【相关知识】

一、我们要懂得说“不”

曾经在电视上看过香港的一个对青少年心理辅导的公益广告，说的是面对诱惑、面对陷阱时，我们要大声说“不”。其实，这就是我们说的拒绝了。青少年将面对很多不同的人际交往，也将面对很多不同的请求和诱惑，当别人对你有请求而你却无能为力的时候，当你面临一些绚丽的诱惑的时候，当你觉得别人的行为对你有损害的时候，你绝对应该大声地说“不”、大声地拒绝。

“不”这个词，在中国人眼里是羞于启齿的。在中国几千年儒家文化熏陶下，我们一直认为别人有所求的事情，都必须尽全力帮忙，拒绝别人是错误的，是没有人情味的，是不给别人面子的。而现今的青少年，他们渴望友谊，关注朋友对自己的看法，当别人向自己提出某一个要求的时候，明明知道自己是不情愿的、不能完成的，但还是要说“好呀”、“可以的”。他们心里认为拒绝代表着排斥和隔阂，好像是不道德行为。但是，在恰当的时候说“不”，却是一种主动的选择。拒绝不代表弱势，不意味着逃避或是偷懒，相反它是对自己负责，也是对别人负责。你能不能办好这件事，你自己对自己是最了解的，适当的拒绝，其实就是对别人的尊重。

学会拒绝，是我们中学生必须懂得的，虽然拒绝在一定程度上会给别人带来不愉快，但如果为了某些原因不愿意拒绝，那这种“不愉快”将会延伸。所以说，拒绝是理性人的一种解决方式！生活繁杂多变，青少年身处其中，诱惑一定不少，当这些诱惑来到你面前的时候，多少人会拒绝？有句话叫“无欲则刚”，别说青少年受年龄和经历所限，就连经历无数的成人都有可能掉入欲望的旋涡。有些人为某些事情失去理智，掉进别有用心的人设置好的陷阱里，无非是没有拒绝诱惑。在金钱、美色、名利、地位等这些致命诱惑面前打了败仗，成为俘虏，其根本原因就是放弃了自己拒绝的权力。让我们重新审视自己，充分显示我们应有的智慧，在恰当的时候懂得说“不”吧！

二、不同的场合，不同的拒绝方式

1. 当对方很强硬的时候

小明是一名高三学生，他性格内向，朋友很少，难得小军能推心置腹地成为他的好朋友，小明既感激又开心，于是把所有的心事都告诉小军，十分信任他。有一次，小军向小明说，他的游戏机坏了，又没有钱买一个，希望小明能借点钱给他。小明感觉很为难，自己零花钱不多，根本拿不出几百块帮助小军，但是如果一口拒绝了小军，好像真的不够哥儿们，枉别人一直对自己那么好。怎么办呢？小军察觉了小明为难的神色，心也急了，说："你可以骗你妈妈你要英语考证呀，这样就可以拿点钱了，我家境困难，就算我问父母，他们也拿不出，你家里环境比我好，一定能拿到钱的。"小明更加迷惑了，他应该怎么做呢？难道为了朋友要欺骗父母？这样做究竟合适吗？

当我们遇到左右为难的情况时，真的很难抉择，一边是友谊，一边是道德，我们该怎么办？

中学生的交际圈是很简单的，他们渴望纯真的友谊，一旦拥有了，很害怕失去，所以大部分中学生还是很看重友情的，也就是经常说的"讲义气"。可是，假若好友提出了一些违背自己道德行为规范的要求时，大部分中学生第一时间是做不到坚持拒绝的，原因也是要"讲情面"、"为朋友"。像上面说到的小明，他的社交能力不强，小军能成为他的好朋友，他是非常地感激，一旦小军提出让他欺骗父母拿钱买游戏机的时候，小明就为难了。再假若小军接着提出威胁："如果你不借钱给我，我就不跟你做朋友了。""如果你不借钱给我，我就把你告诉我的秘密告诉全世界！"小明应该怎样既维系了友谊又可以拒绝不合理的要求？

我们可以采取避实就虚法。

避实就虚，就是把事情或话语里实际的一面转化为虚设的东西，避其锋芒，虚而化之，从而避免陷入尴尬的局面。

小明完全可以选择避开他如此严肃的提问。当小军问自己借钱的时候，他可以马上为难地说："真巧呀，我刚也想找你借点钱，我的电脑坏了，又不想爸爸妈妈知道，你说怎么办？"如此一说，纵使小军想继续问下去，也没有这个必要了，想必你也没有钱借给他，也就不会产生接下来的问题了。

2. 识破对方的"温柔陷阱"

所谓"温柔陷阱"，多数来自对方很美妙的诱惑，而有些则是用很好听的话语，让你不好拒绝，也不敢拒绝，导致答应了别人，自己心里又不好受。

例文：

张华风与甄一杰是班里最好的朋友，他们经常一起打篮球，一起游泳，一起爬山，两人的成绩一直都位于班级的前列。这个学期开始不久，甄一杰迷上了网游，从起初偶尔玩玩，慢慢到了痴迷的地步。有一天放学，甄一杰开心地对张华风说："我这次终于拿到那个装备了，真厉害！"张华风根本从来没有接触过网游，也不清楚这个怎么玩，好奇心就来了："这个游戏是怎么样玩的？"甄一杰笑着大方地介绍了玩法，同时邀请了他一起玩。回家后，华风想来想去，都觉得不能接触这个东西，万一迷上了，学习不知道怎么办好，正当他在想着如何拒绝一杰的时候，电话响了："华风，过来睿智网吧呀，我们在这里玩得正过瘾呢！"华风不好意思地说："我还是不去了，要做功课呢！""真不够朋友，你就来一趟吧，玩一次半次没有问题的啦！这个游戏是你最喜欢的三国传呀，里面有许多你看小说都没有的情节呢！"别的打动不了华风，就是这个三国传他是最喜

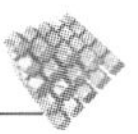

欢不过了，于是他心里痒痒的，真想去一趟，一杰说的也对，去一两次也没有关系，功课晚点做也行。就这样，华风动摇了，连当初想拒绝的勇气都没有了。他该怎么办?

当别人说的话很诱惑你，当别人说的理由很打动你，但是你心里还是想拒绝时，你会如何坚持自己的原则?

首先，我们要坚定立场。不要轻易改变自己的初衷，多用冷静的思维想问题。

其次，我们要善意地拒绝。不要伤害对方感情，不要言过其实，对对方说出自己心中所想，期望别人的理解。

三、拒绝的秘诀

秘诀一：藏在倾听与赞美后的“不”。

当你的朋友向你提出要求时，他们心中通常也会有某些困扰或担忧，担心你会不会马上拒绝，担心你会不会给他脸色看。因此，在你决定拒绝之前，首先要注意倾听他的诉说，比较好的办法是请对方把处境与需要，讲得更清楚一些，自己才知道如何帮他。接着向他表示你了解他的难处，若是你，也一定会如此。

“倾听”能让对方先有被尊重的感觉，在你婉转地表明自己拒绝的立场时，也比较能避免伤害他的感觉，或避免让人觉得你在应付。如果你的拒绝是因为工作负荷过重，倾听可以让你清楚地界定对方的要求是不是合理，而且是否包含在自己目前帮助他的能力范围所在。或许你仔细听了他的意见后，会发现协助他是有必要的。这时候，可以帮助到别人是十分友好的一件事。

“倾听”的另一个好处是，你虽然拒绝他，却可以针对他的情况，建议如何取得适当的支援。若是能提出有效的建议或替代方案，对方一样会感激你。甚至在你的指引下找到更适当的支援，反而事半功倍。

秘诀二：温和坚定地说“不”。

当你仔细倾听了别人的要求并认为自己应该拒绝的时候，说“不”的态度必须是温和而坚定的。好比同样是药丸，外面裹上糖衣的药，就比较让人容易入口。同样地，委婉表达拒绝，也比直接说“不”让人容易接受。

例如，当对方的要求是你没有办法做到的时候，你就要委婉地表达自己的意思让对方知道，并暗示他你不想这样做也是有原因的。一般来说，别人听你这么说，一定会知难而退，再想其他办法。

秘诀三：多一些关怀与弹性。

拒绝时除了可以提出替代建议，隔一段时间还要主动关心对方情况。

有时候拒绝是一个漫长的过程，对方会不定时提出同样的要求。若能化被动为主动地关怀对方，并让对方了解自己的苦衷与立场，可以减少拒绝的尴尬与影响。当双方的情况都改善了，就有可能满足对方的要求。对于业务人员，例如保险业者面对顾客要求，自己却无法配合时，这种主动的技巧更是重要。

拒绝的过程中，除了技巧，更需要发自内心的耐性与关怀。若只是敷衍了事，对方其实都看得到。这样的话，有时更让人觉得你不是个诚恳的人，对人际关系伤害更大。

总之，只要你是真心地说“不”，对方一定会体谅你的苦衷。

【训练步骤】

1. 学习老师所授课的内容。

2. 创设情景，让学生试着练习如何以“拒绝”应对。

3. 几个同学互相对话。

4. 分组上台对话。

5. 教师进行点评。

【训练题目】

1. 根据下面情境安排一场人物对话，体现委婉拒绝的艺术，两人对话的次数不限。

一位同学想利用父亲出差的机会随父亲去武夷山游玩，向班主任请假，班主任婉转地拒绝了他的请求，并使他心悦诚服。

2. 小琴昨天晚上上网太久，忘记了写作业，早读的时候她想向小文借作业来抄，小文想拒绝她，但又不想伤害彼此间的友谊，请你为她想个办法。

下篇　职业应用口语训练

第十八章　主　持

【训练主题】练就自己的主持风格。

【训练目标】

1. 让学生了解主持的一些基本知识。
2. 学生能独立主持一些节目。
3. 培养学生自己的主持风格。

【相关知识】

一、主持人的相关知识

1. 定义

主持人：具有采、编、播、控等多种业务能力，在一个相对固定的节目中，作为主持者和播出者，集编辑、记者、播音员于一身。

在广播或电视中，出场为听众、观众主持固定节目的人，叫做节目主持人；由固定的真实人物为听众或观众主持固定的节目，叫做主持人节目。

2. 主持人的类型

从主持形式上分，有报幕式的主持人，有串场式的主持人，有播报式的主持人，有操作式的主持人，有解说式的主持人，有组织式的主持人，有访问式的主持人……这样的划分，主要在于主持人的思维方式：一类是背诵已经准备好的稿子，或眼看提示器说出，或稍加变动说出，或边动边说；另一类则是在准备好思路的基础上即兴组织语言。前一种情况比较容易适应，后一种情况就要依靠一定的语言能力和知识基础。从节目形式上分，有一般栏目主持人，有演示栏目主持人，有晚会主持人，有游戏节目主持人，有谈话节目主持人，有竞赛栏目主持人……这样的划分，主要在于主持人对栏目形式地理解和把握，更好地与栏目形式相和谐。有的主持人能够胜任好几种形式的节目，虽然这不一定有利于主持人发展。

从节目内容上分，有新闻类的主持人，有经济类的主持人，有文艺类的主持人，有文化类的主持人，有体育类的主持人，有服务类的主持人，有少儿类的主持人，有学术类的主持人……如果细分，每一类下面还可能分若干类别，特别是新闻类栏目，涉及社会生活多个方面，如经济、法制、军事、教育、人物等。这样的划分，主要是依据主持人自身的知识结构、个人兴趣爱好和气质面貌。

3. 主持人须树立的观念

①传播的观念：具有表演性，主要进行传播，靠人际传播，模拟人际传播来实现大众传播，形象要高于人际传播。

②传递信息的观念：少说废话。

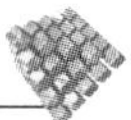

③交流的观念：处于与听众平等的位置上。

4. 主持人需要的素质

政治素质：主持人必须首先要有强烈的社会责任感和较高的政治思想水准。坚持发挥党的喉舌、国家的政治导向的作用。

精神素质：

①高尚的道德情感；②完美的人格；③较强的应变能力；④良好的气质；⑤良好的心理素质。

业务素质：

①深厚的知识底蕴："腹有诗书语自华"，要做到广、博、精、深。

②良好的语言素养：

A. 语言要纯，讲一口标准的普通话。

B. 优美的音色，宽广的音域。

C. 较强的口语能力：流利，语言有较强的表现力、穿透力、感染力。简洁，明了，生动，耐听。

③主持人应具备一定的临场应变和即兴发挥能力。

④策划和组织能力。策划能力表现在有主意，能出点子。组织能力则是对整个节目制作和操控能力。

⑤主持人应具备个性鲜明的主持风格。

二、主持人的形象

主持人的形象设计定位：从宏观角度看，应明确主持人在社会中的公众形象；从微观角度看，是指主持人在节目中的具体形象。所谓形象，并不是指主持人的相貌特征，而是指综合意义的整体形象，是一个主持人在具体节目中的思想感情、言谈举止给观众的整体印象。主持人作为一种大众传媒角色，既要代表特定的政治、经济利益，又要满足观众的需要。电视台是党和政府的新闻宣传机构，它的性质决定了节目主持人的公众形象就是党的宣传工作者、新闻工作者。电视是大众传媒，对观众不能以专家学者的形象出现，更不能以演艺明星的身份出现，而是以能与观众真诚交流的朋友形象出现。只不过这个朋友，除了平等亲切之外，更应是在思想修养等各方面更胜一筹的朋友。主持人的公众形象应当是平易近人的党的宣传工作者，是观众喜闻乐见的朋友。

一个优秀的节目主持人在其到位的主持中透露出来的人格魅力、学识修养，可以给节目增光添彩，成为节目的标志，使许多观众因为喜欢这位主持人而更喜欢他主持的节目。所以有一个为观众接受认可并欢迎的节目形象，是主持人形象定位的另一种含义。

主持人的现场意识还表现为主持风格的定位，这又如何设定呢？一般来说，主持风格是指主持人在主持节目时所形成的艺术特色和个性特征。

主持风格的形成，有着多方面的原因，既与主持人的自身条件有关，又与他所处的外界环境相关。由于主持人思想感情、生活阅历、审美情趣及知识层次的不同，在理解和表达上也必然各不相同。再加上时代的需要、民族的习惯及生活的特点，必然对主持人产生直接的影响，也决定了主持人独具个性的主持风格。

主持人的主持风格还与临场应对技巧的发挥有着一定的联系。临场发挥对主持人来说，是一项很高的主持技巧，它要求与主持人的主持风格和节目的最终效果必须实现合理的契合。一般来说，没有交流对象的信息节目或节目片断，最容易达成临场效果与最终效果之间的一致，这是因为主持人在这样的节目中，完全是根据事先设定好的文字来主持，其间没有信息的遗漏或扭曲。当主持人在节目中与人进行交流时，就容易造成信息传播的阻断，如主持人事先准备不足，对采访主题不够了解，对采访对象的风格把握不准，机械地按事先设定好的计划来交流，不作临时处理，这样就达不到理想的效果。主持人若想在节目中尽善尽美，既需要注重主持风格的完善，更需要注重提高自身的综合素质与修养。

三、主持人入门级技巧

1．主持人的功能

①串场，承上启下。例如：若上一出戏剧为歌仔戏，就可点出歌仔戏几个笑点，再引出下一剧目的特色。

②效果、互动、介绍、暖场、场控（负责处理突发状况、掌控流程）。

③应变。例如：若台下人太兴奋，可利用音效、灯光将注意力拉回台上。

2．主持注意事项

①眼睛需平视、扫场，腰要打直，站姿应多注意。

②正式场合采用西服等规范的包装，非正式场合采用多元化的包装，采用较活泼的方式。

③会议的主持应注意规则的遵守、气氛的掌控及立场的公正性。

④不偏台、不背台。

⑤表情、肢体夸张但不做作。

⑥主持稿做到不黄不黑、不伤人。

⑦注意台风、站姿、手势、视线，不能有小动作。

⑧咬字要清楚。

⑨注意速度、节奏。

⑩情绪的表达：抑扬顿挫。

四、主持例文

感恩主题班会主持稿：

主持人开场白：

A：在这个阳光灿烂、春意融融的下午，让我们敞开心扉，聆听彼此的心声。

B：七（9）班《心存感恩》主题班会现在开始。

A：对父母心存感恩，因为他们给予我生命，让我健康成长，在他们的一次次牵扶下，我自信地放飞理想。

B：对师长心存感恩，因为他们给了我教诲，让我抛开无知，懂得思考，在学习的历程中实现自我。

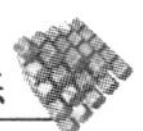

A：对兄弟姐妹心存感恩，因为他们让我在这尘世间不再孤单，让我知道有人可以和我血脉相连。

B：对朋友心存感恩，因为他们给了我友爱，让我在孤寂无助时倾诉、依赖，看到希望和阳光。

A：感谢曾帮助过我的人，他们用暖暖的心灯让我发现生命是如此丰富而厚有。

B：感谢肯接受我帮助的人，他们用淡淡的柔弱让我把这份善良延续。

第一环节：

A：好，让我们共同进入这次班会的第一环节。

A、B：“亲情回报”。

B：现在请同学们齐读孟郊的《游子吟》。

B：（领读）慈母手中线，游子身上衣。临行密密缝，意恐迟迟归。谁言寸草心，报得三春晖。

A：是的，“谁言寸草心，报得三春晖”。最能激起我们心底深深的感恩之情的莫过于“母亲”。无论我们走到哪里，不论我们有多大年纪，在妈妈心中，我们永远都是最可爱、最需要保护的孩子。

B：世上只有妈妈好，我们不断接受着母亲给予我们的无私的爱。现在我们已经懂得了怎样回报母亲。

A：下面请听长笛演奏：《世上只有妈妈好》，表演者：周天颖。大家掌声鼓励。

……

A：谢谢周天颖同学。

B：同学们，在我们平淡的日常生活中，我们的爸爸妈妈为我们做了许许多多生活琐事，这其中蕴涵着多么深厚的爱啊！

A：真是点点滴滴都是情呀！只要我们有一颗细腻的心，仔细去体会，慢慢去感受，我们就会明白：我们生活在爱的海洋里。

B：虽然我们曾经让父母失望过、伤心过，但我们也深信：我们是他们的骄傲，也曾经让他们的笑颊灿烂如花。

A：亲爱的同学们，我们父母的期望并不多，我们的一句问候、一次搀扶、一杯茶水、一个微笑，就可以让他们感到满足。

第二环节：

B：其实世上除了爸爸妈妈，还有我们的老师在关心着我们。下面让我们进入主题班会的第二个环节。

A、B：“师恩难忘”。

A：我们是沐浴着爱的阳光长大，人间的真情打动着我们的心。

B：我们已行动起来，用真诚的心回报真诚的心，用爱回报得到的关怀。

A：下面请柳倩芸等演唱《感恩的心》，掌声有请。

……

B：谢谢柳倩芸等同学，一曲《感恩的心》会让我们更加了解老师的一番苦心，会让我们更加懂得回报。

第三环节：

A：我们拥有亲情，还拥有友情，让我们一起进入第三个环节。

A、B：“友谊永存”。

B：友谊是人间的春风，是沙漠中的绿洲。因为有了友谊，我们学会了宽容，学会了理解和友善，也学会了感动。

A：请欣赏《朋友》，演唱者：尹津晶等。

……

A：生活中，我们需要别人的帮助关爱，当然也应该把自己的爱心奉献给别人，爱是相互的。

B：可是我们很多人已经习惯接受别人的关爱，接受别人的帮助，并且认为这是理所当然的。

A：他们渐渐忘记了感动，忘记了说声谢谢，也忘记了幸福的感觉。

B：请看接下来的这一幕幕场景，大家是否有似曾相识的感觉呢？有请表演者。

第四环节：

A：接下来，我们进入主题班会的第四个环节。

A、B：“感恩宣言”。

B：现在有一封我们班家长写给孩子的信，让我们听听家长的心声。

A：请张老师来读这封信。

……

B：听到父母的心声，你会想什么？你该怎么做？千言万语就化做感恩宣言，向关心爱护我们的人表明决心吧。现在请班长上台领读宣言。掌声有请。

班长：请同学们起立、握拳、一句句跟读宣言。现在请跟我宣读。

……

A：同学们请坐下，也谢谢班长。常怀感恩之心的人是幸福的，欢喜快乐都会随之而来，生活永远都阳光灿烂。

B：为了让每位同学感受幸福，常怀感恩，请同学们制作千纸鹤，并在上面留言，赠送给你最想感谢的人。

A：（随意指名几个同学诵读卡片上的温馨赠言）

主持人结束语：

A：相信在座的同学参加了这次主题班会后，心里一定很不平静。

B：是呀，心存感恩，一句简单的话语充满了神奇的力量，让那些琐碎的小事一下子变得无比亲切起来。

A：感恩是积极向上地思考和谦卑的态度，它是自发性的行为。当一个人懂得感恩时，便会将感恩化做一种充满爱意的行动，实践于生活中。

B：一颗感恩的心，就像一颗和平的种子，因为感恩不是简单的报恩，它是一种责任、自立、自尊和追求一种阳光人生的精神境界！

A：感恩是一种处世哲学，感恩是一种生活智慧，感恩更是学会做人，成就阳光人生的支点。

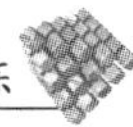

B：每一个有爱心的人，都应该是一个懂得感恩的人，人生也正因有了爱心、孝心和感恩而精彩起来，生动起来……

A、B：心存感恩，回报他人。七（9）班主题班会到此结束，谢谢大家！

【训练步骤】

1. 先围绕主题，让学生写好主持稿。
2. 熟读自己的主持稿，争取脱稿。
3. 每个学生都上讲台主持。
4. 教师进行点评。

【训练题目】

1. 主持“爱心无限”捐款活动。
2. 主持“青春飞扬”主题班会。
3. 主持“迎五四”班级文艺汇演。

第十九章　推　销

【训练主题】学习推销，推销产品、推销自己。

【训练目标】

1. 让学生了解推销的一些基本知识。
2. 让学生进行产品推销。
3. 就业时，让学生能很好地推销自己。

【相关知识】

学生学习销售的有关知识，掌握作为一位推销员应具有的素质、能力、有关的销售礼仪知识，学习销售前的用语和销售技巧。让学生树立自尊、自爱、自立、自强的品格和坚强的意志力，具备从事推销活动的素质和能力。

一、推销的含义

所谓推销，即人员推销，是企业推销人员说服和诱导潜在顾客购买某项商品或服务，从而满足顾客需求并实现企业营销目标的活动过程。

二、推销人员

1. 推销人员

推销人员有广义和狭义之分。广义的推销人员包括工商企业中直接进行产品推销或销售的人员，直接参与销售决策和管理的人员，以及与销售业务相关的其他从业人员和从事采购、调拨等业务的人员。狭义的推销人员专指直接从事产品推销或销售的人员，一般有推销员和营业员。推销员通常是在无门市、无店铺的条件下直接向消费者推销产品或服务的人员。

2. 推销人员的素质要求

（1）敬业精神

一个充满敬业精神的推销员往往也是一个对公司无比忠诚的人，而一个忠诚的推销员往往都能得到客户的尊重。

（2）自信心

推销就是说服，自信传递着这样一种信息：你从事的职业不错，你所在的公司有发展前景，产品质量不错。缺乏自信，顾客会怀疑产品质量有问题，再好的产品，也很难卖出。“相信自己、相信自己的产品、相信自己的公司”是推销员必须要做到的。任何一个优秀的推销员，在他脸上，你绝对看不到一丝失望、哀伤、惶恐与紧张。他们永远充满活力、精神抖擞，永远带着微笑、目光坚定，即使遭遇挫折和打击，他们也始终相信自己终究会成功。没有谁愿意看到一个脸上写满失意和惆怅的推销员，他们会用自信

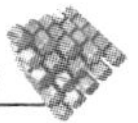

的微笑去感染和征服每一位客户。

（3）团队意识

现代推销是全员推销、组织推销，需要各部门相互协作、全体人员相互支持，单靠推销员单枪匹马、孤军奋战是不可能成功的。

（4）道德和品格素质

推销员切忌为了盲目追求销售业绩而不择手段，更不能认为只要自己业绩好，公司形象好不好无所谓。一个客户购买你推销的第一款产品时，60%是相信你，40%是相信产品。

（5）基本知识

①企业知识；②产品知识；③顾客知识；④市场知识；⑤推销实务知识；⑥社会与法律的知识。

3. 推销人员的能力要求

（1）沟通能力

推销本身就是推销员与客户之间的一种沟通行为，推销员将产品及相关信息传递给客户并搜集客户的意见反馈，这就需要推销员具备由语言表达能力、逻辑思维能力、观察判断能力及交际能力组成的良好的沟通能力。

（2）创新应变能力

推销是一门技术，更是一门艺术。根据不同的客户需要采用不同的方法和技巧，这就要求推销员必须掌握和熟悉客户的消费心理特征，而客户的消费心理是随着时代的变化而不断变化的。因此，推销员必须具有创新能力，尤其是推销方法和手段。

（3）自我调节能力

再优秀的推销员也有遭遇挫折的时候，当面临工作失意、家庭烦恼或其他不顺心的事情时，优秀的推销员能够很好地进行自我调节。他们绝不会将失意写在脸上，把情绪带进推销，即便遭受再大的痛苦，也会在推销时容光焕发、面带微笑。

（4）影响力

一个有影响力和感召力的人，很容易让别人对他产生信任感，一个让别人有信任感的人，就很容易说服客户购买自己的产品。当然一个人的影响力不是天生就存在的，它需要你用自己的学识和个性去体现。

4. 推销人员的基本礼仪要求

（1）迎送礼仪

迎送礼仪主要包括接待礼仪和送客礼仪。迎接客人时，主人虽不用刻意打扮，但应仪表整洁、大方、自然。送客要尽心尽力，诚恳相送。一般要送出大门，重要的客人送到有关交通地点。

（2）交谈礼仪

①使用敬语。敬语的作用是不可忽视的，人们见面时要互致敬意和问候，可以用“您好”、“早安”、“能够认识你真是太高兴了”等，寒暄时可以用“好久不见，你还好吗?”、“近况如何?”等。尽管这些问候和寒暄用语并不表示特定的含义，但却是交际中不可缺少的，能显示出自己懂礼貌、有修养、有风度，有助于形成一种和谐、亲切、友

善、热情的环境。

②注视。注视礼仪包括两方面的含义：一方面眼睛要看着对方，这是对对方的尊重；另一方面要注意让对方感受到你对谈话的态度。有经验、有修养的人在与人交谈时，都不会忽视引起谈话对象的谈话兴趣，回应对方、关注对方、理解对方、称道对方是激发对方谈话兴趣的有效办法，可以使话题更加深入、广阔地展开。谈话时要做到相互正视、相互倾听；不要东张西望，心不在焉；更不能看报看书，或面带倦意、哈欠连天；也不要做其他事情，这会使人感到你傲慢无礼。

③聆听。首先，在对方讲话时注意时常与对方交流目光。注视对方表明自己全神贯注、一心一意，能够赢得对方的好感。同时，如果对方情绪发生明显的变化，推销人员也要调动自己的情绪与之相呼应。其次，应以适当的动作来回应对方。当交谈对象所表述的观念与推销人员不谋而合时，应当轻轻地点点头以示赞同；当对方所谈内容极为精彩时，还可以鼓掌称赞；至于摇头，则表示自己出乎意料或是反对。最后，应以简短的言语来回应对方。在对方讲话时，适当地表示支持，如说上一句“对，没错!”、“我也有同感”、“的确如此”等，都会起到事半功倍之效。在对方讲话时进行回应，切勿过于做作，这样会使对方认为你在应付、没有诚意，反而起不到鼓励的作用。

言谈基本要求：发音准确，表达清晰、流畅；节奏或语速按顾客类型（视觉型，听觉型）调整，与顾客保持协调；真诚、热情。

交谈注意事项：不要恶意攻击竞争者；注意倾听顾客声音，不要与其争辩；不要开粗俗玩笑。

三、销售前用语范例

1. 准备接近话语

在专业销售技巧中，初次见面时对客户说的话为接近话语。接近话语的步骤如下。

步骤 1：称呼对方的名字。叫出对方的姓名及职称——每个人都喜欢自己的名字从别人的口中说出。

步骤 2：自我介绍。清晰地说出自己的名字和企业名称。

步骤 3：感谢对方的接见。诚恳地感谢对方能抽出时间接见你。

步骤 4：寒暄。根据事前对客户的了解，表达对客户的赞美，或结合客户的状况，选一些其感兴趣的话题。

步骤 5：表达拜访的理由。以自信的态度，清晰地表达出拜访的理由，让客户感觉到你的专业和真诚。

步骤 6：赞美及询问。

例文：

销售员张雨以稳健的步伐走向王经理，当视线接触到王经理时，他轻轻地行礼致意，视线放在王经理的鼻端。当走近王经理前时，他停下向王经理深深地点头行礼。

张雨此时面带微笑，先向王经理问好以及作自我介绍。

张　雨：王经理，您好。我是大华公司的销售员张雨，请多多指教。

王经理：请坐。

张　雨：谢谢，非常感谢王经理在百忙中抽出时间与我会面，我一定要把握住这么好的机会。（张雨非常诚恳地感谢王经理的接见，表示要把握住这个难得的机会，让王经理感受到自己是个重要人物。）

王经理：不用客气，我也很高兴见到您。

张　雨：贵公司在王经理的领导下，业务领先业界，真是令人钦佩。我浏览过贵公司的网站，知道王经理非常重视网络营销，现在很多客户都从网上购买产品了。使用这种方式营销您在业内是榜样啊！（张雨将事前调查资料中有关网络营销这点特别在寒暄中提出来，以便诉求网络推广方案时能有一个好的前提。）

王经理：我们公司销售的产品是网络办公设备，我们的客户以高科技企业为主。随着网络的普及，这些客户都开始从网上来寻找自己需求的产品，我们做自己的网站的目的是满足客户在网络上查询产品、了解产品的需求，提高我们的销售的效率。

张　雨：王经理，您的理念确实反映出贵公司的经营特性，很有远见性。我相信贵公司在销售方面已经做得非常成功了。我向您推荐一个网站推广的方案，这个方案可以使客户更容易发现您的产品和服务，这样不仅能提高销售额，也有很好的广告效应，使您公司及您的产品具备更大知名度。（张雨先夸赞对方，然后表达出拜访的理由。）

王经理：网站推广方案？

张　雨：是的。王经理在销售方面的经验和成绩深得业内人士尊重，在我来之前，已经听到过不少关于您辉煌的销售业绩和卓越的管理能力的赞扬话语。其实网站不仅仅是为了让客户从网上查看产品功能和了解公司，更重要的是能让客户有产品需求时随时随地发现您，继而登录到您的网站去查看他所需要的信息。如果没有适当的网站推广，客户怎样才能发现您可以提供给他所需要的产品呢？（张雨采用了先夸奖后提问的方法。）

2. 销售自己

接近客户技巧的第一个目标就是先将自己“销售”出去。每一个人都希望被赞美，可在赞美后，要接着以询问的方式，引导客户的注意、兴趣及需求。

一位人寿经纪人曾经说：“您以为我是怎么去销售那些种类繁多的保险商品的啊？我90%的客户都没有时间真正去了解他们的保险内容，他们只提出希望有哪些保障，他们相信我会站在他的立场替他规划。所以，我从来不花大量的时间解释保险的内容及细节。我认为，我的销售就是学习、培养、锻炼一个值得别人信赖的风格。”“客户不是购买商品，而是购买销售商品的人。”这句话流传已久，说服力不是靠言辞，而是仰仗销售员言谈举止散发出来的人格魅力。

有位汽车销售冠军曾说过：“接近客户，不是一味地向客户低头行礼，也不是迫不及待地向客户说明商品，这样做反而会引起客户的逃避。当我刚进入企业做销售员时，在接近客户时，我只会销售汽车，因此往往无法迅速打开客户的‘心防’。在无数次地体验揣摩后，我终于体会到，与其直接说明商品不如谈些有关客户太太、小孩的话题，或谈些乡间的事情。客户是否喜欢自己关系着销售业绩的成败，因此，接近客户的重点是让客户对销售员产生好感。”

下面是两个接近客户的案例，可比较一下其中的优劣。

案例 1：

销售员 A：有人在吗？我是大林公司的销售员陈大勇。在百忙中打扰您，想向您请教有关贵商店目前使用收银机的事情。

商店老板：哦，我们店里的收银机有什么毛病吗？

销售员 A：并不是有什么毛病，我是想是否已经到了需要换新的时候了。

商店老板：没有这回事，我们店里的收银机状况很好，使用起来还像新的一样，我没考虑换新的。

销售员 A：并不是这样哟！对面李老板已更换了新的收银机呀。

商店老板：不好意思，让您专程而来，将来再说吧！

案例 2：

销售员 B：郑老板在吗？我是大华公司销售员王维正，在百忙中打扰您。我是本地区的销售员，经常经过贵店。贵店一直生意都是那么好，实在不简单。

商店老板：您过奖了，生意并不是那么好。

销售员 B：贵店对客户的态度非常地亲切，郑老板对贵店员工的教育训练，一定非常用心。我也常常到别家店，但像贵店服务态度这么好的实在是少数；对面的张老板，对您的经营管理也相当钦佩。

商店老板：张老板是这样说的吗？张老板经营的店也是非常的好，事实上他一直是我学习的对象。

销售员 B：郑老板果然不同凡响，张老板也是以您为模仿对象。不瞒您说，张老板昨天换了一台新功能的收银机，非常高兴，才提及郑老板的事情，因此，今天我才来打扰您！

商店老板：喔！他换了一台新的收银机呀？

销售员 B：是的。郑老板是否也考虑更换新的收银机呢？目前您的收银机虽然也不错，但是如果能够使用一台功能多、速度快的新型收银机，让您的客户不用排队等太久，从而会更喜欢光临您的店。请郑老板一定要考虑这台新的收银机。

上面这两个案例，看完后，你有什么感想呢？我们比较销售员 A 和销售员 B 接近客户的方法，很容易发现，销售员 A 在初次接近客户时，单刀直入地询问对方收银机的事情，让人有突兀的感觉，因而遭到商店老板回问："店里的收银机有什么毛病吗？"销售员 A 忽略了突破客户的"心防"及销售商品前先"销售"自己的两个重点。反观销售员 B，却能够把握这两个原则，在打开客户的"心防"后，才自然地进入销售商品的主题。销售员 B 在接近客户前做好了准备工作，能立刻称呼郑老板，知道郑老板店内的经营状况，清楚对面张老板以他为学习目标等，这些都是使销售成功的要素。

四、实用销售技巧

销售的过程中除了有声情并茂的讲解外，同时还需要掌握一些销售的技巧，才能使我们的整个销售解说过程表现得更加完美，更加能打动消费者。

1. 技巧一：学会进行封闭性问题的提问

销售的过程中，能针对我们的每个卖点设计并提问一些封闭性的问题，也就是让顾

客回答一些“是”与“不是”的问题。

例如：“先生，我们的音箱是不是外观很时髦?”

“先生，我们的重低音是不是很有震撼力?”

在设计封闭性问题的时候，尽量让顾客回答“是”，假如顾客回答的都是“是”的话，那我们的销售就基本能成功了。

2. 技巧二：尽量让顾客参与到我们的销售互动当中

销售是一个互动的过程，并不是一个人表演的舞台，同时做好互动是增加我们产品信服力、使顾客关注我们讲解内容的最好途径。

例如：我们在讲解音箱的材料时，可以让顾客抱起音箱试试它的重量；在试重低音的时候，鼓励顾客伸手到管口去试一试气流的大小。

3. 技巧三：以编故事或潜意识的暗示把消费者引导到情节当中

要知道，我们所要面对的是各种各样的消费者，我们需要做的是使各类消费者能够很好地理解我们产品的功能，加强对我们产品的印象。利用编故事或潜意识的暗示能很好地把消费者引入我们的话题。

例如：在试低音、高音的时候可以编一些小故事。“先生，假如您晚上回家很兴奋的时候想听一下摇滚的音乐的话，我们这款音箱的低音效果完全能满足您的要求。”此时再作相应的演示与讲解。“假如您早上起床想听一下轻松的音乐，使自己轻松一下的话，我们这款音箱的高音效果同样可以满足您的要求。”此时再作相应的演示与讲解。

4. 技巧四：销售的过程中要注意促单

销售的过程需要讲究效率，在产品解说到一定过程的时候要促单。例如：“先生，您放心，我跟您开一台吧。”顾客在犹豫不决的情况下我们要帮助他作决定，特别是面对多个消费者在商量到底需不需要购买的情况下，需要帮助顾客作决定。

5. 技巧五：学会诉求与赞美

赞美顾客可以使客人虚荣心上升，给客人以好感，使其头脑发热，利于冲动购买，使顾客停留专卖店的时间增长，更有机会销售成功。

例如：用感人的语言使顾客下定决心，如：“您夫人看到一定会高兴的。”用某种动作对犹豫不决的顾客做工作，让其下决心，如：“您再看一下，您多试一下。”

6. 技巧六：学会观察与比喻

在终端销售的过程中，我们要观察对手的卖点，并能对他的卖点进行一些有力的打击；在实际的销售过程中，我们也要学会利用比喻的手法，把我们想要表达的东西用一个简单的比喻介绍给顾客，加深顾客的认识。

例文：

问：你的机器播放才 18 小时，人家 XXX 的是 40 小时超长播放！

答：先生，如果您用我们的数码光听收音的话，我敢保证充一次电能用 400 个小时！您说的 40 小时超长播放是有条件限制的。例如，听音频的播放时间将比看视频的播放时间长。我们用的电池是和他们一样的，如果您要是拿他们音频的播放时间和我们视频的播放时间比较，那肯定是不行的。打个比方：用一条 10mm 宽的管和一条 100mm 宽的管分别去抽一口井的水，把水抽干所用的时间是不同的。

7. 技巧七：善于与一线品牌作比较

终端销售人员要对竞争对手的产品了解透彻，只有这样才能更好地解说我们的机器。同时，销售的过程中，尽量把我们的产品质量、功能、性能与第一品牌靠近，拉近我们与第一品牌的距离。

例文：

问：我还是比较喜欢买个名牌的，例如XXX的，他们的音质比较好！

答：先生，您就找对人了！我们这款MP3采用的芯片也是和目前XXX最新上市的FXXX是一样的！都是采用了ROCKCHIP2608A芯片。您也知道，音质的好坏是由芯片类型决定的，所以我们这款MP3和XXX的音质是没有差别的！而且我们的录音功能可以长达10个小时，这是XXX没有的。

8. 技巧八：学会销售企业

在销售的过程中，我们要学会思考与随机应变，能够化解消费者的疑虑，同时我们销售的过程中不是单单销售我们的产品，我们还要销售我们的企业文化。

例文：

问：你说你们用的芯片和XXX一样，为什么卖的价格比XXX的要低好多？

答：先生，您就不了解这个了吧。我告诉您，销售价格是由生产成本和销售成本决定的，我们的生产成本和XXX的生产成本是一样的。但XXX是自己重新建立渠道进行销售，而我们不一样了，我们是利用原有DIY渠道和原有DIY的人员进行销售，所以我们的销售成本要比XXX低很多。因此，我们的价格自然会比他们低。再加上我们的企业文化是“为顾客创造价值！”因此，我们的数码产品绝对是性价比最高的产品！

【训练步骤】

1. 利用情景模拟，让学生进行推销活动。
2. 熟读推销前用语和销售技巧。
3. 同学们在课堂上进行推销情景模拟。
4. 教师进行点评。

【训练题目】

1. 以“矿泉水”这一实物进行现场推销。
2. 以“推销自己”为主题，同学们进行现场的自我推销。
3. 以“电视”为销售物，进行推销技巧大比拼。

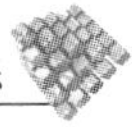

第二十章 总结发言

【训练主题】能对一些类型的工作进行总结发言。

【训练目标】

1. 让学生了解一些类型的总结写作。
2. 让学生掌握一些总结发言的基本技能技巧。
3. 让学生能上台进行总结发言。

【相关知识】

总结是对一定时期内的工作加以总结、分析和研究，肯定成绩，找出问题，得出经验教训，摸索事物的发展规律，用于指导下一阶段工作的一种书面文体。而总结发言就是把这种总结的书面文体变成口头文字，在某些场合进行发言，这是一种更高能力的体现。

一、总结的正文

1. 开头

总结的开头主要用来概述基本情况。包括单位名称、工作性质、主要任务、时代背景、指导思想以及总结目的、主要内容提示等。作为开头部分，要注意简明扼要，文字不可过多。

2. 主体

这是总结的主要部分，内容包括成绩和做法、经验和教训、今后打算等方面。这部分篇幅大、内容多，要特别注意层次分明、条理清楚。

主体部分常见的结构形态有三种。

第一，纵式结构。就是按照事物或实践活动的过程安排内容。写作时，把总结所包括的时间划分为几个阶段，按时间顺序分别叙述每个阶段的成绩、做法、经验和体会。这种写法的好处是事物发展或社会活动的全过程清楚明白。

第二，横式结构。按事实性质和规律的不同分门别类地依次展开内容，使各层之间呈现相互并列的态势。这种写法的优点是各层次的内容鲜明集中。

第三，纵横式结构。安排内容时，即考虑到时间的先后顺序，体现事物的发展过程，又注意内容的逻辑联系，从几个方面总结出经验教训。这种写法，多数是先采用纵式结构，写事物发展的各个阶段的情况或问题，然后用横式结构总结经验或教训。

主体部分的外部形式，有贯通式、小标题式、序数式三种情况。

贯通式适用于篇幅短小、内容单纯的总结。它像一篇短文，全文之中不用外部标志来显示层次。

小标题式将主体部分分为若干层次，每层加一个概括核心内容的小标题，重心突出，条理清楚。

序数式也将主体分为若干层次，各层用“一、二、三……”的序号排列，层次一目了然。

3. 结尾

结尾是正文的收束，应在总结经验教训的基础上，提出今后的方向、任务和措施，表明决心、展望前景。这段内容要与开头相照应，篇幅不应过长。有些总结在主体部分已将这些内容表达过了，就不必再写结尾。

二、总结写作的注意事项

1. 要坚持实事求是原则

实事求是、一切从实际出发，这是总结写作的基本原则。但在总结写作实践中，违反这一原则的情况却屡见不鲜。有人认为“三分工作七分吹”，在总结中夸大成绩，隐瞒缺点，报喜不报忧。这种弄虚作假、浮夸邀功的坏作风，对单位、对国家、对事业、对个人都没有任何益处，必须坚决防止。

2. 要注意共性，把握个性

总结很容易写得千篇一律、缺乏个性。当然，总结不是文学作品，无需刻意追求个性特色，但千部一腔的文章是不会有独到价值的，因而也是不受人欢迎的。要写出个性，总结就要有独到的发现、独到的体会、新鲜的角度、新颖的材料。

3. 要详略得当，突出重点

有人写总结总想把一切成绩都写进去，不肯舍弃所有的正面材料，结果文章写得臃肿拖沓，没有重点，难以给人留下深刻印象。总结的选材不能求全贪多、主次不分，要根据实际情况和总结的目的，把那些既能显示本单位、本地区特点，又有一定普遍性的材料作为重点选用，写得详细、具体。而一般性的材料则要略写或舍弃。

三、一些总结发言例文

（一）考试总结发言

期中考试结束了，我所剩下的初中生活随着一次又一次的考试逐渐变短。这次考试虽然比上次有些进步，但离我预设的目标还有很大的差距，我认真分析了原因：

①在考试前我并没有深入复习，只不过是看了看书。

②临阵磨枪，突击英语，平时不善于积累。

③复习没有重点。

主要拉分的是英语。其实，英语一直是我这几科中最不理想的科目，我对此也非常着急，所以我在今后的学习中会更加重视英语学习。数学一直是我的强项，可这次发挥得并不令自己满意，虽然及格了，但没有发挥出自己应有的水平。这是什么原因呢？主要是自己思想上的问题，我总认为数学没什么，靠自己的功底完全可以应付，但是事实与自己所想的是完全相反的。

经过这次考试，我也明白了，随着年级的升高，我们所需要掌握的知识也在不断地增多，我以前学的那些知识已经远远不够，所以，数学既然是自己的强项，就更不能落

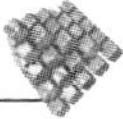

下，就更应该跟着老师好好地学。说到化学，我认为我比以前认真了，但解题的技巧掌握得还不是很好，以后在这方面还应加强。在化学的学习上，和数学有一些相同，都是解题方法。在语文方面，我还应该加强阅读训练，使自己的阅读能力有所提高。

努力，是我们熟得不能再熟的字眼，但这两个字就够一个人做一辈子的了，而且它是永远做不完的。所以我更应该珍惜时光，为自己的目标而奋斗！

（二）会计实训总结发言

不知不觉，为期四个月的模拟实训已经结束了。通过本次实习，我对会计整个流程的操作有了较好的认识，学会了会计中各个环节的操作，懂得了细心和谨慎是作为一个好的会计工作人员所必备的条件。

在会计模拟实训的这些日子中，对于老师在课堂上讲授的理论知识，我又系统地进行了一番实践。通过这次的模拟实训，我加强了对基础会计各方面知识的记忆和掌握。通过在实训中的学习，我也学习到了许多在书本上不能学到的知识。譬如，平时只是在课本上看看会计的记账凭证，这次能够自己亲手填写记账凭证，我也真正地感受了会计人员的工作。通过这次实训我也学会了编写会计报表。在实训的过程中自己也意识到只有把书本上学到的会计理论知识应用于实际的会计实务操作中去，才能够真正掌握这门知识。我想这也是这次实训的真正目的。

（三）值日总结发言

很荣幸在开学的第二天我就担当了值日班长。昨天下了场雨，今天雨停了，天气也暖和了一点。但同学们可能还不适应上学的生活，还是有4位同学迟到了，比起昨天还多了2位。值得一说的是欧阳同学记迟到比原先迟，7：18左右才开始记，而且中午甚至没有记录迟到同学，望其在今后有所加强，更好地做好登记工作。

虽然老师多次强调早餐不能带到教室，但我们班2位女同学明知故犯，在课间吃早餐，被老师抓个正着。高一开学第一天老师便强调了不允许学生带早餐回教室，虽然大部分同学都已改正，但还是有同学屡教不改，要引起大家的重视，共同监督好这些同学。

中午在学校吃午饭的同学有所增加，纪律仍旧很好，这十分值得表扬。其他方面也做得很好，望同学能坚持。

晚自修坐班老师不满意，批评我们有些吵闹的声音。其实吵闹的也就是那么几个，望他们能自行改正。

【训练步骤】

1. 写好相关的总结发言稿。
2. 修改总结发言稿，把有些书面语变成口头语。
3. 学生上台作总结发言。
4. 教师进行点评。

注：也可以由学生写作总结提纲，然后上讲台作总结发言。这要求学生要有比较强的语言表达能力和临场发挥能力。

【训练题目】

1. 每个专业的学生都会开展一些实训，就这些实训开展一次实训总结发言。
2. 学期结束前，每个学生都要对自己这学期的学习情况作总结发言。
3. 可以就校运会、文艺汇演等作总结发言。

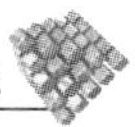

第二十一章 电话交谈

【训练主题】学会有效的电话交谈，做到用礼貌和恰当的语言进行交谈。

【训练目标】

1. 让学生学会电话交谈的方法，懂得电话交谈的艺术。
2. 让学生理解在各种不同场合下进行电话交谈，增强学生的交际能力。

【相关知识】

一、电话交谈是一门交际技术

通话是现代社会最常见的一种交际方式。它是运用电话等现代通讯工具进行交往，具有快捷、方便的特点。尽管不是面对面地交谈，却能让人迅速获得信息、及时进行沟通。

在公务活动中，使用通话交流情况、沟通信息、商洽问题、答复事项，是一种最普遍的工作手段。通话包括打电话和接听电话。不论是使用普通电话还是移动电话，都要遵守一定的礼仪规范。

学会通话可以树立良好的电话形象。如果缺乏电话使用常识，没有掌握通话的技巧和礼仪规范，便会影响公务活动的开展，甚至损害个人的形象。

二、怎样打电话

“谁不会打电话?”也许你会发出这样的疑问。打电话确实是一种最常见的交际方式。但是要正确掌握打电话的方法，还是需要注意一些问题的。

1. 时间选择

公务通话一般要在办公时间内进行，不要在下班之后打，更不能在深夜、凌晨及午休、用餐、公休假时间打，除非有特别紧急的事情。如果是拨打国际长途电话，要注意时差，不要扰人清梦。要掌握通话的时间，一般不宜过长，以不超过五分钟为好。如果要通话较长时间，最好用面谈的方式。如果只能通话，必须征询对方是否方便，否则就要另约时间联系。

2. 表述得体

通话表述要符合礼仪规范，不能高调门，语惊四座；口气谦恭有礼，热情、温和、亲切、自然。语速适中，过快了容易让人听不清楚，产生匆忙应付的感觉；慢条斯理，拿腔拿调，也容易引起人的反感。

3. 举止得当

打电话要轻拿轻放，不要急不可耐，遇到无法接通的情况就表现得很不耐烦，甚至甩话机。电话接通后，要等铃声响过六遍后，确信对方无人接听，才挂断话机。通话时不要抱着电话四处走动；仰坐、斜靠、歪躺或趴在桌上通话都是不适宜的。通话时也不要吃东西、抽烟、喝水、翻报纸杂志，甚至与旁边的人闲聊。

4. 注意环境

打电话要注意周围环境。移动电话不要在嘈杂的大街上、一些公共场所通话。办公室打电话，要避免谈话声、嬉笑声、咳嗽声。如果有急事，可以先“整顿”一下通话环境，待安静下来再拨通电话。

三、怎样接电话

1. 及时接听

电话铃声一响，要及时接听，不要慢腾腾地任由铃声响个不停。一般在听到完整的铃声响后接起电话。同时响起的电话，要先接起一个，询问对方是否介意接听另一个电话，征得同意后才能接听另一个电话。不要同时接听两个电话。

2. 文明应答

接听电话要做到有问必答、依问作答。铃声响起，要拿起话筒问候对方，并自报家门：“你好！这里是×××（单位）”或“你好！我是×××”，或者询问对方：“你好！请问找哪位?”如果要找的人不在，最好告诉对方不在的原因，或告诉对方联系方法。一般不宜用“你是谁”、“你找谁”、“有什么事”之类的话发问。与对方通话，要尽量每问必答，但不要答非所问、东拉西扯、大聊其天。对方交谈内容结束要即时道别，说声“再见”。

3. 做好记录

公务电话通常需要作记录。平时要做好通话记录准备，电话记录簿或记录用纸、笔要准备好，不要通话后放下听筒，再找纸笔。遇到听不清楚时，可以请求对方重复一遍，特别是对一些重要内容和涉及时间、地点、数量等，最好加以核实，避免记错。

4. 一些特殊电话的接听

对打错电话的，不要大声斥责对方，要接受对方的道歉，说声“没关系”后挂机。对一些难缠的电话，要学会说“不”，设法摆脱对方的纠缠，委婉而坚决地拒绝对方的请求。对一些诸如“你猜猜我是谁”、“想知道我在干什么吗”之类的“谜语”电话，可以用“别让我猜谜了”、“我正忙着”、“我还有一些急事要做呢”之类的话加以应对。

四、电话交谈的要求

1. 态度礼貌友善

不管你的另一方是什么人，你在通电话时都要注意态度友善、语调温和、讲究礼貌。不管是在公司还是在家里，从电话里讲话的方式，就可以基本判断出其“教养”水准。

2. 传递信息简洁

由于现代社会中信息量大，人们的时间概念强。因此，商务活动中的电话内容要简洁而准确，切忌海阔天空地闲聊和不着边际地交谈。

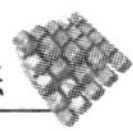

3. 控制语速语调

由于主叫和受话双方语言上可能存在差异，因此，要控制好自己的语速，以保证通话效果；语调应尽可能平缓，忌过于低沉或高亢。善于运用、控制语气、语调是打电话的一项基本功。要语调温和、音量适中，咬字要清楚，吐字比平时略慢一点。为让对方容易听明白，必要时可以把重要的话重复一遍。

4. 使用礼貌用语

对话双方都应该使用常规礼貌用语，忌出言粗鲁或在通话过程中夹带不文明的口头禅。

五、常见的电话礼貌用语

①您好！请问您找谁？

②我就是，请问您是哪一位？……请讲。

③请问您有什么事？（有什么能帮您？）

④您放心，我会尽力办好这件事。

⑤不用谢，这是我们应该做的。

⑥×××不在，我可以替您转告吗？（请您稍后再来电话好吗？）

⑦对不起，我不是本人。

⑧您打错号码了……没关系。

⑨再见！

⑩您好！请问您是×××单位吗？

⑪我是×××公司×××部（室）×××，请问怎样称呼您？

⑫请帮我找×××同志。

⑬对不起，我打错电话了。

⑭对不起，这个问题……请留下您的联系电话，我们会尽快给您答复好吗？

【训练步骤】

1. 掌握电话交谈的基本知识。

2. 模拟电话交谈情境，学会如何电话交谈。

3. 老师点评。

【训练题目】

1. 你是一个正在等待录取的高三毕业生，这天你来到朋友小名家玩，随后小名被妈妈叫出去买东西了。这时候学校的电话打来，想叫小名回学校拿通知书。你将如何接听这个电话？你会怎么样回答和转述这个电话的内容？

2. 这天你一个人在家，一个陌生电话打来，是推销洗衣粉的，你将如何接听这个电话？如何说才能让这个推销人员知难而退？

第二十二章 求职应聘

【训练主题】让学生认知应聘交谈的基本内容、应对技巧和注意事项。

【训练目标】增强学生市场竞争意识，树立学生自信心，掌握应聘面试的要求及注意事项，提高应聘面试的语言表达能力，为求职应聘面试成功奠定良好基础。

【相关知识】

求职应聘是一种检测性的被动交谈，是招聘部门与应试者短兵交接、双向沟通的一种面试谈话，是招聘者对应试者的外部行为特征的观察与分析，考察评价其应变能力、理解能力、业务能力的一种心理较量。应试者只有“知己知彼”，方能“胸有成竹”、“百战不殆”。

一、求职应聘面试的注意事项

1. 仪表举止端庄得体

主要包括表情自然、举止得体、服饰整洁端庄，吻合求职岗位角色需要。

俗话说“眼睛是心灵的窗户”，微笑是最好的表情，善于用眼睛、面部表情，甚至简单的小动作来表现自己情绪的应聘者的成功率，远高于那些目不斜视、笑容僵硬或面无表情的人。所以，招聘人员在面试时第一印象强调的是求职者在应聘时的眼睛和面部表情。参加面试的同学一定要学会在应试时保持柔和的面容，表情自然，双眼平视主试人，该微笑时要面带微笑，该思考时要有思考的神情，这样才会给招聘者一种自然而不矫揉造作的感觉。

应聘者和招聘者进行交谈时，必须保持一定的距离，留有适当的空间。若是站着，一定要站得端庄、稳重，做到上身正直、头正目平、面带微笑、微收下颌、收腹挺胸、两肩自然下垂、两脚直立、脚跟靠拢、尖外开呈V字形，女生可两脚并拢。若是坐着，无论是坐硬椅子还是坐软沙发，都应保持轻松自如的坐姿，双手最好平放在腿上，上身保持正直，不要跷腿，也不要因为紧张而抖晃腿。女生求职时若穿着裙装，落座时一定要注意：一是坐下前一定要有捋裙子的动作；二是无论座位的高低，手掌可自然平放两腿上，也可两手相握放置腿上，两脚和膝盖须并拢，避免裙装走光。双脚和膝盖也可微微倾斜朝同一个方向，落座时臀部不可太靠座位的后面，应该前移到座位的2/3处。

求职应聘时所要求的仪表修饰最重要的是讲究干净、整洁、大方，选择服装的关键是看职位要求。求职应聘者的穿戴均能更好地体现出求职者本人对所申请岗位的理解，如文秘、金融部门、财会人员、服务行业，可选择正规的西服裤装或裙装；应聘广告设计可适当地选择休闲套装。对于应届毕业生来说，允许有一些学生气的装扮。总之，合乎自身形象的着装会给人以干净利落、有专业精神的印象。但面试时的着装不宜给人以崭新发亮的感觉，也不可邋遢，更不可修饰过分，男生应显得干练大方，女生应显得庄

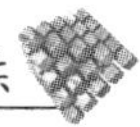

重高雅。

2. 谈吐应对大方

应试者在面试时说话发音要清晰、语调要自然，表达言简意赅，用词得当，条理清楚，面对招聘人员的提问要落落大方、不卑不亢。

应聘时，良好的谈吐应对会给主试人留下深刻的印象，这就要求应试人要有灵活的应变能力、观察能力和具备良好的语言素养。良好的语言素养不仅指不犯语法错误、表达流利、用词得当，同样重要的还有说话方式，应当做到发音清晰、语调得体、语速适中、条理清楚等。说话时结结巴巴、条理不清，都是语言修养不高的表现。

3. 注意细节，细节决定成败

“泰山不拒细壤，故能成其高；江海不择细流，故能就其深。”很多事因其“小”，往往被人忽视，掉以轻心；因其“细”，也常常使人感到烦琐，不屑一顾。但就是这些小事和细节，往往是事物发展的关键和突破口，是关系成败的双刃剑，而主试人则可能会从一些细节上看出应试者的综合素质甚至人格品德。如毕业生就业推荐表上的一个错字，应试者不自信的站坐姿，面试时进入考场关开门动作过大的声响，一个不自信的搔头摸鼻动作，走路的声响等细节问题，都会让主试人对应试者的印象大打折扣。

4. 准备充分

精心准备好毕业生就业推荐表、简历及相关表格；面试前要尽可能多了解招聘单位的背景、文化及应聘职位的情况，以表示你很重视这份工作；面试时提前到达，以表现你良好的素养和个人信誉；同时，更要准备好流畅又言简意赅的自我介绍，以便招聘者更好地了解你。每个面试者只有清楚认识自己，全面把握就业需求，准确进行社会定位，做好面试前各方面的准备工作，才能运筹帷幄、决胜千里。

二、应聘交谈时注意把握的原则

1. 谦虚谨慎、扬长避短

“人无完人，金无足赤”，每个人都有自己的优点和不足，无论是在性格上还是在专业学识上都是这样，因此在面试时一定要注意扬我所长、避我所短。对自己的长处有利于应聘职位的，不可直言不讳地提起，而应该侧面而又婉转地表达出来。如果招聘者要求职者谈及自身的不足之处是什么时，求职者可以巧妙地将自己的优点转化为“缺点”来谈。如：“我性格太急躁，人也固执，只要有工作任务，一定要尽快地完成，如果工作做不好，我还会跟自己较劲，非做好不行（这样表述体现自己较强的工作责任心）；我做事不拘小节，大方向上一般不会错，可处理细节问题上还是有待于再进一步加强。（这样的表述会让招聘者认为你是个能把握住大方向和工作大局的人）”但求职者在回答一些比较有深度的问题时，切忌不懂装懂，不明白的地方就要虚心请教或坦白说不懂，这样才会给招聘单位留下诚实谦虚的好印象。

2. 有问必答

面试交谈时，求职者一定要有问必答，切不可有问不答、答非所问。但一定要听完招聘者的问题后稍作思索再作答，回答要言简意赅，切忌长篇大论，但也不要进行填空式的回答。如：问“你喜欢从事计算机工作吗?”，答“是”；问“你有什么特长?”，答

“我的特长是打篮球”。诸如这类的回答，会让招聘者觉得求职者很死板，头脑不灵活，这是任何用人单位都不喜欢用的人。遇到这样的情况，可以稍作拓展性的回答，如问“你喜欢从事计算机工作吗?”可以这样回答：“当今社会已进入信息化时代，而计算机的普及使用正是信息化时代的特点之一，作为21世纪的中职生，能够与时俱进，从事与时代同步的工作，为更多的人服务，我感到非常欣慰。”

3. 机智应变

很多时候在面试时，招聘者会提出一些很突然甚至偏颇的问题让求职者回答，这时候求职者准备的材料往往用不上，那就得看求职者能否随机应变、机智果断，当场把自己的各种聪明才智发挥出来。如：“请谈谈你经历挫折后的经验是什么?”可答：“俗话说‘失败是成功之母’，没有失败经验的积累和总结，就不会有成功的一天，没有经历过挫折，就不会成长成才。每一次遇到挫折后，都能让我更准确地意识到自己的不足之处，重新审视自己的优缺点，继续发挥自己的长处，尽量弥补自己的不足。即便是求职，也是如此，正是因为有了上一次的××岗位求职失败，我才知道原来是我没有更好地给自己进行准确定位，因此，在对自己进行重新评估，并经过一段时间的努力后，今天我来到了这里，参加这一职位的应聘。我相信，凭着自己的能力和自身优势，一定可以胜任这个职位。谢谢!”

三、求职应聘的交谈技巧

1. 突出语言表达条理清楚

首先，应想好要表达的是什么、为什么、怎么做，可以使用“因为……所以……”、“第一，第二，第三……”、“首先……其次……再次……最后……”。尽量避免不必要的停顿，消灭口头语，尽可能不用“嗯”、“呃”“这个”等这些无意义又影响自己话语威力的字词，选择适当的用语，使语言表达通畅流利。其次，表达要言简意赅，语言运用力求简明、准确、生动、口语化，语速语调自然适中，不要小声小气，也不要高声高调，所运用的语速语调要同谈话的内容相贴切。

2. 突出姿态表情的自然性和形体语言的恰当性

站姿自然大方，双手自然下垂；面部表情要柔和、自然、不呆板，眼睛平视考官，不专注一人而应广视所有考官，但眼光不得游移躲闪。同时，可借助眼光、神情、手势等形体语言表情达意，但力求恰如其分不做作。

3. 倾听的艺术性

交谈时把眼睛注视着招聘者（或面试主持人）的面部表情三角区，仔细倾听对方说话，并不时回以微笑的表情或者不时点头并加以简单言辞表示赞同“对，您说得很有道理”、“是吗”。认真倾听不仅利于应聘者在倾听过程中更好地理清回答思路，又表示了对招聘者（或面试主持人）的尊重。

4. 开场结束的礼貌性

如开场语：“首先，很感谢你们给了我这个面试机会，让我有幸能向各位前辈们学习”；结束语：“××经理，今天能有这个机会当面向您请教，我非常感激”，“听君一席话，胜读十年书，无论这次我能否被聘用，我都将记住您今天对我提出的那些中肯的意

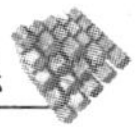

见或建议……”

【训练步骤】

1. 讲述因具备好口才而成功的励志故事，让学生明白口语交际的重要性。

2. 提高口才的三步骤训练法：

一是克服心理障碍，让学生到讲台上当众讲故事、进行三分钟说话训练，并鼓劲学生经常看励志书籍，培养学生的自信和观察能力；

二是提高语言表达能力，让学生多朗读短文，加强口语交际专题训练，让学生彼此间进行交流，学会思考，学会总结；

三是善于运用肢体语言，学会微笑，进行多重表情训练、肢体语言训练和站坐姿训练。

3. 情景设置训练，模拟求职情景，设置问题训练学生的口语表达能力。

4. 教师作点评。

【训练题目】

1. 请给我们谈谈你自己的一些情况。

回答提示：这个问题相当于作自我介绍，求职者应简要地描述你的姓名、学校、专业以及你的一些特征和优势，包括你的特长、与人相处的能力和个人的性格特征。还可以说说自己为什么选择这个企业、这个企业吸引自己的地方以及自己适合企业的需要，表示自己很希望能得到这次机会。

点评分析：企业以此来判断是否应该聘用你。通过你的介绍，了解你的各方面品质和能力，同时也可以看出你选择该企业的意图是什么，从而在心里对你有个大概的印象和初步了解。回答要言简意赅，优势突出，求职态度诚恳。

2. 你觉得你个性上最大的优点是什么？

回答提示：责任心和适应能力较强、沉着冷静、条理清楚、乐于助人和关心他人、具有较强的团队精神。我在××单位经过××时间的实习，使我具备一定的工作经验，我认为自己较适合这份工作。

点评分析：此题主要是判断你是否具有应聘职位的优势，同时，也是对你个性和道德品质的一种评判，看你是否谦虚、诚实。回答应尽量谈及与应聘职位相符的优点和长处，但要记住，责任心、适应能力和团队精神是每个企业都看重的能力。

3. 工作中你难以和同事、上司相处，你该怎么办？

回答提示：①我会服从领导的指挥，配合同事的工作。②我会从自身找原因，仔细分析是不是自己工作做得不好让领导不满意，同事看不惯。还要看看是不是为人处世方面做得不好，如果是这样的话我会努力改正。③如果我找不到原因，我会找机会跟他们沟通，请他们指出我的不足，有问题就及时改正。④作为优秀的员工，应该时刻以大局为重，即使在一段时间内，领导和同事对我不理解，我也会做好本职工作，虚心向他们学习，我相信，他们会看见我在努力，总有一天会对我微笑的。

点评分析：这是企业对你人际关系如何进行沟通处理的一种评判，回答应着重强调怎样处理好与上级和同事的关系。

4. 你能为我们公司带来什么呢？

回答提示：企业很想知道未来的员工能为企业做什么，求职者应再次重复自己的优势，然后说："就我的能力，刚开始我可以成为老员工的优秀助手，一段时间的学习后，我相信自己能给组织带来高效率和更多的收益，并成为一名优秀的员工。"

点评分析：这个题目主要是企业检测应聘者的可用性有多少，过于夸大的表态只会让企业觉得不切实际。

5. 你怎么理解你应聘的职位？

回答提示：把岗位职责和任务及工作态度阐述一下。

点评分析：这是检测你对该企业的应聘态度，了解你对该岗位的认知度，其实也从另一个层面反映出你是否重视这次应聘、准备是否充分，所以回答要将重点放在岗位与企业背景的联系来谈。

6. 就你申请的这个职位，你认为你还欠缺什么？

回答提示：首先，重复自己的优势，然后说："对于这个职位和我的能力来说，我相信自己是可以胜任的，只是缺乏经验。这个问题我想我可以进入公司以后以最短的时间来解决，我的学习能力很强，我相信自己可以很快融入公司的企业文化，进入工作状态。"

点评分析：企业喜欢问求职者弱点，但精明的求职者一般不直接回答。他们希望看到能够巧妙地躲过难题的求职者，所以回答应着重强调自己的学习能力和适应能力。

7. 经过这次面试，我们认为你不适合这个职位，决定不录用你，你自己认为有哪些原因？

回答提示：①我认为面试成功与否通常是一半靠实力，一半靠运气的。我希望各位考官不要通过这一次面试就否定了我的个人才能。如果可能，我希望再给我一次考核的机会。②如果我面试失败了，我认为最大的原因可能是我的临场发挥不能得到各位的认可，我的心理素质还有待于提高。但是吃一堑长一智，所以无论面试的结果如何，我的这段经历将为我提供一个自我省查的机会，让我发现自己的不足。③失败是成功之母，我会好好地总结这次失败的经验教训，加强学习，弥补不足。但是，还是希望考官再给我一次机会，对我进行全面、客观的考察，我相信自己一定会成为那个"不是最好，却是最适合"招聘岗位的人。

点评分析：这个题目有时是招聘者所设置的面试"陷阱"，主要是评判应聘者面对挫折的一种心理状态，回答要着重强调越挫越勇的积极态度。

8. 如果你的工作出现失误，给本公司造成经济损失，你认为该怎么办？

回答提示：①我本意是为公司努力工作，如果造成经济损失，我认为首要的问题是想方设法去弥补或挽回经济损失。如果我无能力负责，希望公司帮助解决。②分清责任，各负其责。如果是我的责任，我甘愿受罚；如果是我负责的团队中别人的失误，作为团队的负责人，我也要进行检讨，承担一定的责任，并且帮助同事查找原因、总结经验。③吃一堑长一智，这次的失误，带给我经验教训，我将从自己的或者是别人的错误中吸取经验教训，检讨自己的工作方法、分析问题的深度和力度是否不够，在以后的工作中避免发生同类错误。

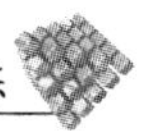

点评分析：这是企业检测你责任感的一种评判，同时也是了解你处理问题的能力，回答要强调自己较强的责任感。

9. 你工作经验欠缺，如何能胜任这项工作？

回答提示：可利用平时的社会实践、实习及相关的学习经历经验来回答。如："作为应届毕业生，在工作经验方面的确会有所欠缺，因此在读书期间我一直利用各种机会在这个行业里做兼职。我也发现，实际工作远比书本知识丰富、复杂。但我有较强的责任心、适应能力和学习能力，而且比较勤奋，所以在兼职中均能圆满完成各项工作，从中获取的经验也令我受益匪浅。请贵公司放心，学校所学及兼职的工作经验使我一定能胜任这个职位。"

点评分析：这个问题是招聘公司用来检测应聘者的灵活应变能力和工作态度的，回答要突出自己的责任心、适应性以及学习能力。

10. 如果我录用你，你将怎样开展工作？

回答提示：①如果应聘者对应聘职位有一定的了解，可以从工作思路、工作方法、工作重点来谈自己的工作打算。②如果应聘者对于应聘的职位缺乏足够的了解，最好不要直接说出自己开展工作的具体办法。可以尝试采用迂回战术来回答。如："首先听取领导的指示和要求，然后就有关情况进行了解和熟悉，接下来制定一份近期的工作计划并报领导批准，最后根据计划开展工作。"

点评分析：这个问题的主要目的是了解应聘者的工作能力和计划性、条理性，而且重点想要知道细节。在求职时，请同学们尽量提前了解所求职位的相关情况，尽量避免采用迂回战术。

11. 你怎样看待学历和能力？

回答提示：我认为学历不代表能力，人的一生中学无止境，即使我今天所持的学历只是中专，但并不表示我的能力永远只停留在中专这个层次，这说明我具备了根本的学习能力，我可以在以后的工作中不断学习，从而提升自己的综合能力。并且，学历的高低只是进入一个企业的敲门砖，一个人工作能力的高低虽然直接决定其职场命运，但也会直接影响到企业的发展，如果贵公司把学历卡得更高，我就无法进入贵公司。当然这不一定只是我个人的损失，如果一个中专生都能完成的工作，您又何必非要招聘一位本科生呢？

点评分析：这个问题的主要目的是了解应聘者的随机应变能力和自信心，回答要着重强调学历与能力不能等同，还要婉转表达不录用自己是企业的一种损失。

12. 以你的资历条件，完全可以到大公司任职，你怎么想到我们小企业？

回答提示：有一句话是这样说的："不做凤尾，宁做鸡头。"大企业固然有其优越条件，但我认为小企业更有自己的优势，在用人方面更是非常重视。我自己虽然资历条件尚可，但我想，在你们这样的企业里我会有更大的发展空间，更能发挥自己的作用。

点评分析：一个还未工作就想以后跳槽的员工，是无论如何不能指望他尽心尽力地干好工作的，因此，即使有此想法，也不能说出来，任何企业都希望聘用到安心在本企业长期工作的优秀员工，而吸引优秀员工除了提高待遇外，就是给其提供一个更大的发展空间，这样的回答更能让企业信服。

13. 你喜欢和何种人共事？

回答提示：我是一个具有较强团队精神的人。我性格随和、乐观，做事不拘小节，我喜欢和我具备相同个性的人共同工作。

点评分析：这是招聘者了解求职者本身的个性特点，并借此来分析求职者与人相处是否融洽、是否具有团队精神。回答这个问题时，要先介绍一下自己的个性特点（而具备随和和乐观个性的人通常都较易相处），然后再说喜欢和自己相同个性的人相处，这样性格的人更能让企业接受。

14. 假如我们聘用你，但有时需要做些倒茶端水的杂务，你会反对吗？

回答提示：只要需要，我不会斤斤计较。如果有客人到我所在的那个部门，我会主动倒茶端水，这些杂务只是我的工作内容的一小部分而已。

点评分析：这是一个试探性问题，目的是观察应聘者的反应，以判断你对工作的态度。若明确表示拒绝接受这类杂务，则意味着拒绝接受职位，同时也反映出你的固执与自视清高，任何企业都不会喜欢接受这样的人。

15. 你在大学里的学习成绩不敢恭维，你如何解释呢？

回答提示：是的，我的学习成绩不是很理想，即学习分数不是很高，但我注重实践能力的锻炼，我已经实习过好几家企业，他们对我反映都不错。

点评分析：这类问题往往是一种“压迫法”的面试技巧，招聘者故意提出应试者的弱点，令其尴尬，看他在压力之下怎样反应，故提到的弱点，不是问题关键所在。因此，应聘者应沉着应付，想办法扭转劣势，表现出自己的机智，同时也通过回答体现自己较强的动手能力和实际操作能力。

16. 你择业考虑的主要问题是什么？

回答提示：主要谈考虑应聘的职业对自己将来事业的发展及能发挥自己的专业所长。另外，还应谈及良好的企业文化和工作氛围能激发自己的能动性等。

点评分析：凡是与物质利益有关的条件，如工资、福利、环境等，最好少谈，即使问到，也要把握分寸，适可而止。

17. 如果公司与另外一家公司同时录用你，你将如何选择？

回答提示：首先，贵公司是我的第一选择。其实，我不敢奢望有两家公司同时看上我，即使有此情况，我还是首选贵公司。

点评分析：无论你到哪家公司应聘，都应这么回答，在未确定最后的归属前，回答这个问题不能有丝毫犹豫。

18. 请问你还有问题要问吗？

回答提示：回答这个问题，大有学问。这个时候，可以将你在面试中还没有机会提出的相关问题提出来，如这家公司更多的企业文化背景、这个职位的工作性质及这次面试的情况等。如果实在没有什么可以说的，也不要说没有问题。你可以问面试者什么时候可以得到面试结果，以及什么时候可以打电话给他。面对未知的面试结果，这个时候你可以对面试者这么说：“我很想得到这份工作。我认为我完全能够胜任这份工作。请给我这个机会。”最后，对面试者表示致谢、握手、告别。

点评分析：通常当面试者要结束面试时，面试者常常会提及这个问题，主要是了解应聘者对企业及这个工作的兴趣有多少。所以，一定不能回答没有问题，如果回答没有问题，就表示你对这个工作兴趣不大。

附　　录

◆ 一、普通话水平测试朗读训练

◆ 二、普通话水平测试命题说话训练

◆ 三、普通话水平测试模拟试题

一、普通话水平测试朗读训练

第一节　朗读的要求及技巧

朗读，是把文字作品转化为有声语言的创作活动，也就是朗读者在理解作品的基础上用自己的语音塑造形象、反映生活、说明道理，再现作者思想感情的再创造过程。在"普通话水平测试"中，朗读是对应试者普通话运用能力的一种综合检测形式。

一、朗读的要求

朗读总的要求是准确、流畅、有感情。

准确是指语音准确，包括声母、韵母、声调、音变等方面都符合普通话语音的规范。同时要求朗读要忠于原作，不得增字、减字、改字。

流畅是指朗读要自然流畅，不破词破句，语意连贯，停连得当，轻重得宜，语速语调符合作品思想感情。

有感情是指朗读要把握作品的基调，深入分析、理解作品的思想内容，力求从作品的体裁、作品的主题、作品的结构、作品的语言以及综合各种要素而形成的风格等方面入手，认真、充分和有效地解析朗读作品，从而使作品的思想成为朗读者的思想，作品的感情成为朗读者的感情。

二、朗读的技巧

（一）停顿

朗读时，有些句子较短，按书面标点停顿就可以。有些句子较长，结构也较复杂，句中虽没有标点符号，但为了清楚表达意思，中途也可以作些短暂的停顿。但如果停顿不当就会破坏句子的结构，这就叫读破句。朗读测试中忌读破句，应试者要格外注意。正确的停顿有以下几种类型。

1. 标点符号停顿

标点符号是书面语言的停顿符号，也是朗读作品时语言停顿的重要依据。标点符号的停顿规律一般是：句号、问号、感叹号、省略号停顿略长于分号、破折号、连接号；分号、破折号、连接号的停顿时间又长于逗号、冒号；逗号、冒号的停顿时间又长于顿号、间隔号。另外，在作品的段落之间，停顿的时间要比一般的句号停顿时间长些。以上停顿，也不是绝对的。有时为表达感情的需要，在没有标点的地方也可以停顿，在有标点的地方也可以不停顿。如："自然，/在热带的地方，/日光永远是那么毒……"

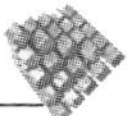

2. 语法停顿

语法停顿是句子中间的自然停顿。它往往是为了强调、突出句子中主语、谓语、宾语、定语、状语或补语而作的短暂停顿。学习语法有助于我们在朗读中正确地停顿断句、不读破句，正确地表达作品的思想内容。

3. 感情停顿

感情停顿不受书面标点和句子语法关系的制约，完全是根据感情或心理的需要而作的停顿处理，它受感情支配，根据感情的需要决定停与不停。它的特点是声断而情不断，也就是声断情连。

（二）重音

重音是指进行言语活动时对需要强调突出的某个音节、词或短语要加以强调重读的现象，是朗读的一种重要技巧。重音是通过声音的强调来突出文章的重点，不同的表达语气能给文章带来生动活泼的气息，使作品的感情色彩更加丰富。重音有以下几种情况。

1. 语法重音

语法重音是按语言习惯自然重读的音节。这些重读的音节大都是按照平时的语言规律确定的。一般来说，语法重音不带特别强调的色彩。

2. 强调重音

强调重音不受语法制约，它是根据语句所要表达的重点决定的，受应试者的意愿制约，在句子中的位置不固定。强调重音的作用在于揭示语言的内在含意。由于表达目的不同，强调重音就会落在不同的词语上，所揭示的含意也就不相同，表达的效果也不一样。

3. 感情重音

感情重音可以使朗读的作品色彩丰富，充满生气，具有较强的感染力。感情重音大部分出现在表现内心节奏强烈、情绪激动的情况中。

（三）语速

语速是指说话或朗读时每个音节的长短或音节与音节之间连接的长短快慢。说话的速度由说话者的个人感情决定，朗读的速度则与朗读作品的思想感情相联系。应试者在朗读时，适当掌握朗读的快慢，可以营造作品的情绪和气氛，增强语言的表达效果。朗读的速度决定于作品的内容和体裁，其中内容是主要的。

朗读要根据内容掌握语速。朗读时的语速须与作品的情境相适应，根据作品的思想内容、故事情节、人物个性、环境背景、感情语气、语言特色来处理。通常，热烈、欢快、兴奋、紧张的作品语速要快；忧郁、悲伤、沉重、庄重的作品语速要慢；一般的叙述、说明、介绍的作品则语速适中。普通话水平测试中的 60 篇短文都是记叙文，所以语速可以选择中速。

（四）语调

语调指语句里声音高低升降的变化，其中以结尾的升降变化最为重要，一般是和句子的语气紧密结合的。应试者在朗读时，如能注意语调的升降变化，语音就有了动听的腔调，听起来便具有音乐美，也就能够更细致地表达不同的思想感情。语调变化多端，主要有以下几种。

1. 高升调

高升调多在疑问句、反诘句、短促的命令句，或者是表示愤怒、紧张、警告、号召的句子里使用。朗读时，注意前低后高、语气上扬。

2. 降抑调

降抑调一般用在感叹句、祈使句或表示坚决、自信、赞扬、祝愿等感情的句子里。表达沉痛、悲愤的感情，一般也用这种语调。朗读时，注意调子逐渐由高降低，末字低而短。

3. 平直调

平直调一般多用在叙述、说明或表示迟疑、思索、冷淡、追忆、悼念等的句子里。朗读时始终平直舒缓，没有显著的高低变化。

4. 曲折调

曲折调用于表示特殊的感情，如讽刺、讥笑、夸张、强调、双关、特别惊异等句子里。朗读时由高而低后又高，把句子中某些特殊的音节特别加重加高或拖长，形成一种升降曲折的变化。

第二节　普通话水平测试朗读短文作品60篇

作品1号《白杨礼赞》

那是力争上游的一种树，笔直的干，笔直的枝。它的干呢，通常是丈把高，像是加以人工似的，一丈以内，绝无旁枝；它所有的丫枝呢，一律向上，而且紧紧靠拢，也像是加以人工似的，成为一束，绝无横斜逸出；它的宽大的叶子也是片片向上，几乎没有斜生的，更不用说倒垂了；它的皮，光滑而有银色的晕圈，微微泛出淡青色。这是虽在北方的风雪的压迫下却保持着倔强挺立的一种树！哪怕只有碗来粗细罢，它却努力向上发展，高到丈许，二丈，参天耸立，不折不挠，对抗着西北风。

这就是白杨树，西北极普通的一种树，然而决不是平凡的树！

它没有婆娑的姿态，没有屈曲盘旋的虬枝，也许你要说它不美丽，——如果美是专指“婆娑”或“横斜逸出”之类而言，那么，白杨树算不得树中的好女子；但是它却是伟岸，正直，朴质，严肃，也不缺乏温和，更不用提它的坚强不屈与挺拔，它是树中的伟丈夫！当你在积雪初融的高原上走过，看见平坦的大地上傲然挺立这么一株或一排白杨树，难道你就只觉得树只是树，难道你就不想到它的朴质，严肃，坚强不屈，至少也象征了北方的农民；难道你竟一点也不联想到，在敌后的广大土地上，到处有坚强不屈，就像这白杨树一样傲然挺立的守卫他们家乡的哨兵！难道你又不更远一点想到这样枝枝叶叶靠紧团结，力求上进的白杨树，宛然象征了今天在华北平原纵横决荡用血写出新中国历史的那种精神和意志。

——节选自茅盾《白杨礼赞》

作品2号《差别》

两个同龄的年轻人同时受雇于一家店铺，并且拿同样的薪水。

可是一段时间后，叫阿诺德的那个小伙子青云直上，而那个叫布鲁诺的小伙子却仍

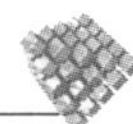

在原地踏步。布鲁诺很不满意老板的不公正待遇。终于有一天他到老板那儿发牢骚了。老板一边耐心地听着他的抱怨，一边在心里盘算着怎样向他解释清楚他和阿诺德之间的差别。

“布鲁诺先生，”老板开口说话了，“您现在到集市上去一下，看看今天早上有什么卖的”。

布鲁诺从集市上回来向老板汇报说，今早集市上只有一个农民拉了一车土豆在卖。

“有多少?”

布鲁诺赶快戴上帽子又跑到集上，然后回来告诉老板一共四十袋土豆。

“价格是多少?”

布鲁诺又第三次跑到集上问来了价格。

“好吧，”老板对他说，“现在请您坐到这把椅子上一句话也不要说，看看阿诺德怎么说。”

阿诺德很快就从集市上回来了。向老板汇报说，到现在为止只有一个农民在卖土豆，一共四十口袋，价格是多少多少；土豆质量很不错，他带回来一个让老板看看。这个农民一个钟头以后还会弄来几箱西红柿，据他看价格非常公道。昨天他们铺子的西红柿卖得很快，库存已经不多了。他想这么便宜的西红柿，老板肯定会要进一些的，所以他不仅带回了一个西红柿做样品，而且把那个农民也带来了，他现在正在外面等回话呢!

此时老板转向了布鲁诺，说：“现在您肯定知道为什么阿诺德的薪水比您高了吧!”

——节选自张健鹏、胡足青主编《故事时代》中《差别》

作品 3 号《丑石》

我常常遗憾我家门前的那块丑石呢：它黑黝黝地卧在那里，牛似的模样；谁也不知道是什么时候留在这里的，谁也不去理会它。只是麦收时节，门前摊了麦子，奶奶总是要说：这块丑石，多碍地面哟，多时把它搬走吧。

它不像汉白玉那样的细腻，可以凿下刻字雕花；也不像大青石那样的光滑，可以供来浣纱捶布；它静静地卧在那里，院边的槐荫没有庇覆它，花儿也不再在它身边生长。荒草便繁衍出来，枝蔓上下，慢慢地，竟锈上了绿苔、黑斑。我们这些做孩子的，也讨厌起它来，曾合伙要搬走它，但力气又不足；虽时时咒骂它，嫌弃它，也无可奈何，只好任它留在那里去了。

终有一日，村子里来了一个天文学家。他在我家门前路过，突然发现了这块石头，眼光立即就拉直了。他再没有走去，就住了下来；以后又来了好些人，说这是一块陨石，从天上落下来已经有二三百年了，是一件了不起的东西。不久便来了车，小心翼翼地将它运走了。

这使我们都很惊奇！这又怪又丑的石头，原来是天上的呢！它补过天，在天上发过热，闪过光，我们的先祖或许仰望过它，它给了他们光明，向往，憧憬；而它落下来了，在污土里，荒草里，一躺就是几百年了!

我感到自己的可耻，也感到了丑石的伟大；我甚至怨恨它这么多年竟会默默地忍受着这一切？而我又立即深深地感到它那种不屈于误解、寂寞的生存的伟大。

——节选自贾平凹《丑石》

作品4号《达瑞的故事》

在达瑞八岁的时候，有一天他想去看电影。因为没有钱，他想是向爸妈要钱，还是自己挣钱。最后他选择了后者。他自己调制了一种汽水，向过路的行人出售。可那时正是寒冷的冬天，没有人买，只有两个人例外——他的爸爸和妈妈。

他偶然有一个和非常成功的商人谈话的机会。当他对商人讲述了自己的"破产史"后，商人给了他两个重要的建议：一是尝试为别人解决一个难题；二是把精力集中在你知道的、你会的和你拥有的东西上。

这两个建议很关键。因为对于一个八岁的孩子而言，他不会做的事情很多。于是他穿过大街小巷，不住地思考：人们会有什么难题，他又如何利用这个机会？

一天，吃早饭时父亲让达瑞去取报纸。美国的送报员总是把报纸从花园篱笆的一个特制的管子里塞进来。假如你想穿着睡衣舒舒服服地吃早饭和看报纸，就必须离开温暖的房间，冒着寒风，到花园去取。虽然路短，但十分麻烦。

当达瑞为父亲取报纸的时候，一个主意诞生了。当天他按响邻居的门铃，对他们说，每个月只需付给他一美元，他就每天早上把报纸塞到他们的房门底下。大多数人都同意了，很快他有了七十多个顾客。一个月后，当他拿到自己赚的钱时，觉得自己简直是飞上了天。

很快他又有了新的机会，他让他的顾客每天把垃圾袋放在门前，然后早上由他运到垃圾桶里，每个月加一美元。之后他还想出了许多孩子赚钱的办法，并把它集结成书，书名为《儿童挣钱的二百五十个主意》。为此，达瑞十二岁时就成了畅销书作家，十五岁有了自己的谈话节目，十七岁就拥有了几百万美元。

——节选自［德］博多·费舍尔《达瑞的故事》，刘志明译

作品5号《第一场雪》

这是入冬以来，胶东半岛上第一场雪。

雪纷纷扬扬，下得很大。开始还伴着一阵儿小雨，不久就只见大片大片的雪花，从彤云密布的天空中飘落下来。地面上一会儿就白了。冬天的山村，到了夜里就万籁俱寂，只听得雪花簌簌地不断往下落，树木的枯枝被雪压断了，偶尔咯吱一声响。

大雪整整下了一夜。今天早晨，天放晴了，太阳出来了。推开门一看，嗬！好大的雪啊！山川、河流、树木、房屋，全都罩上了一层厚厚的雪，万里江山，变成了粉妆玉砌的世界。落光了叶子的柳树上挂满了毛茸茸亮晶晶的银条儿；而那些冬夏常青的松树和柏树上，则挂满了蓬松松沉甸甸的雪球儿。一阵风吹来，树枝轻轻地摇晃，美丽的银条儿和雪球儿簌簌地落下来，玉屑似的雪末儿随风飘扬，映着清晨的阳光，显出一道道五光十色的彩虹。

大街上的积雪足有一尺多深，人踩上去，脚底下发出咯吱咯吱的响声。一群群孩子在雪地里堆雪人，掷雪球，那欢乐的叫喊声，把树枝上的雪都震落下来了。

俗话说，"瑞雪兆丰年"。这个话有充分的科学根据，并不是一句迷信的成语。寒冬大雪，可以冻死一部分越冬的害虫；融化了的水渗进土层深处，又能供应庄稼生长的需要。我相信这一场十分及时的大雪，一定会促进明年春季作物，尤其是小麦的丰收。有

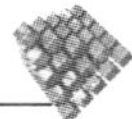

经验的老农把雪比作是“麦子的棉被”。冬天“棉被”盖得越厚，明春麦子就长得越好，所以又有这样一句谚语：“冬天麦盖三层被，来年枕着馒头睡。”

我想，这就是人们为什么把及时的大雪称为“瑞雪”的道理吧。

——节选自峻青《第一场雪》

作品 6 号《读书人是幸福的人》

我常想读书人是世间幸福人，因为他除了拥有现实的世界之外，还拥有另一个更为浩瀚也更为丰富的世界。现实的世界是人人都有的，而后一个世界却为读书人所独有。由此我想，那些失去或不能阅读的人是多么的不幸，他们的丧失是不可补偿的。世间有诸多的不平等，财富的不平等，权力的不平等，而阅读能力的拥有或丧失却体现为精神的不平等。

一个人的一生，只能经历自己拥有的那一份欣悦，那一份苦难，也许再加上他亲自闻知的那一些关于自身以外的经历的经验。然而，人们通过阅读，却能进入不同时空的诸多他人的世界。这样，具有阅读能力的人，无形间获得了超越有限生命的无限可能性。阅读不仅使他多识了草木虫鱼之名，而且可以上溯远古下及未来，饱览存在的与非存在的奇风异俗。

更为重要的是，读书加惠于人们的不仅是知识的增广，而且还在于精神的感化与陶冶。人们从读书学做人，从那些往哲先贤以及当代才俊的著述中学得他们的人格。人们从《论语》中学得智慧的思考，从《史记》中学得严肃的历史精神，从《正气歌》中学得人格的刚烈，从马克思学得人世的激情，从鲁迅学得批判精神，从托尔斯泰学得道德的执著。歌德的诗句刻写着睿智的人生，拜伦的诗句呼唤着奋斗的热情。一个读书人，一个有机会拥有超乎个人生命体验的幸运人。

——节选自谢冕《读书人是幸福的人》

作品 7 号《二十美金的价值》

一天，爸爸下班回到家已经很晚了，他很累也有点儿烦，他发现五岁的儿子靠在门旁正等着他。

“爸，我可以问您一个问题吗？”

“什么问题？”

“爸，您一小时可以赚多少钱？”

“这与你无关，你为什么问这个问题？”父亲生气地说。

“我只是想知道，您、请告诉我，您一小时赚多少钱？”小孩儿哀求道。

“假如你一定要知道的话，我一小时赚二十美金。”

“哦，”小孩儿低下了头，接着又说，“爸，可以借我十美金吗？”父亲发怒了：“如果你只是要分工负责去买无意义的玩具的话，给我回到你的房间睡觉去。好好想想为什么你会那么自私。我每天辛苦工作，没时间和你玩儿小孩子的游戏。”

小孩儿默默地回到自己的房间关上门。

父亲坐下来还在生气。后来，他平静下来了。心想他可能对孩子太凶了——或许孩子真的很想买什么东西，再说他平时很少要过钱。

父亲走进孩子的房间：“你睡了吗？”“爸，还没有，我还醒着。”孩子回答。

“我刚才可能对你太凶了，”父亲说，“我不应该发那么大的火儿——这是你要的十美金。”“爸，谢谢您。”孩子高兴地从枕头下拿出一些被弄皱的钞票，慢慢地数着。

“为什么你已经有钱了还要？”父亲不解地问。

“因为原来不够，但现在凑够了。”孩子回答，“爸我现在有二十美金了，我可以向您买一个小时的时间吗？明天请早一点儿回家——我想和您一起吃晚餐。”

——节选自唐继柳编译《二十美金的价值》

作品 8 号《繁星》

我爱月夜，但我也爱星天。从前在家乡七八月的夜晚在庭院里纳凉的时候，我最爱看天上密密麻麻的繁星。望着星天，我就会忘记一切，仿佛回到了母亲的怀里似的。

三年前在南京我住的地方有一道后门，我打开后门，便看见一个静寂的夜。下面是一片菜园，上面是星群密布的蓝天。星光在我们的肉眼里虽然微小，然而它使我们光明无处不在。那时候我正在读一些天文学的书，也认得一些星星，好像它们就是我的朋友，它们常常在和我谈话一样。

如今在海上，和繁星相对，我把它们认得很熟了。我躺在舱面上，仰望天空。深蓝色的天空里悬着无数半明半昧的星。船在动，星也在动，它们是这样低，真是摇摇欲坠呢！渐渐地我的眼睛模糊了，我好像看见无数萤火虫在我的周围飞舞。海上的夜是柔和的，是静寂的，是梦幻的。我肩头许多认识的星，我仿佛看见它们在对我眨眼，我仿佛听见它们在小声说话。这时我忘记了一切。在星的怀抱中我微笑着，我沉睡着。我觉得自己是一个小孩子，现在睡在母亲的怀里了。

有一夜，那个在哥伦波上船的英国人指给我看天上的巨人。他用手指着：那四颗明亮的星是头，下面的几颗是身子，这几颗是手，那几颗是腿和脚，还有三颗星算是腰带。经他这一番指点，我果然看清楚了那个天上的巨人。看，那个巨人还在跑呢！

——节选自巴金《繁星》

作品 9 号《风筝畅想曲》

假日到河滩上转转，看见许多孩子在放风筝。一根根长长的引线，一头系在天上，一头系在地上，孩子同风筝都在天与地之间悠荡，连心也被悠荡得恍恍惚惚了，好像又回到了童年。

儿时放的风筝，大多是自己的长辈或家人编扎的，几根削得很薄的篾，用细纱线扎成各种鸟兽的造型，糊上雪白的纸片，再用彩笔勾勒出面孔与翅膀的图案。通常扎得最多的是“老雕”、“美人儿”、“花蝴蝶”等。

我们家前院就有位叔叔，擅扎风筝，远近闻名。他扎的风筝不只体形好看，色彩艳丽，放飞得高远，还在风筝上绷一叶用蒲苇削成的膜片，经风一吹，发出“嗡嗡”的声响，仿佛是风筝的歌唱，在蓝天下播扬，给开阔的天地增添了无尽的韵味，给驰荡的童心带来几分疯狂。

我们那条胡同的左邻右舍的孩子们放的风筝几乎都是叔叔编扎的。他的风筝不卖钱，谁上门去要，就给谁，他乐意自己贴钱买材料。

后来，这位叔叔去了海外，放风筝也渐与孩子们远离了。不过年年叔叔给家乡写

信，总不忘提起儿时的放风筝。香港回归之后，他的家信中说到，他这只被故乡放飞到海外的风筝，尽管飘荡游弋，经沐风雨，可那线头儿一直在故乡和亲人手中牵着，如今飘得太累了，也该要回归到家乡和亲人身边来了。

是的。我想，不光是叔叔，我们每个人都是风筝，在妈妈手中牵着，从小放到大，再从家乡放到祖国最需要的地方去啊！

——节选自李恒瑞《风筝畅想曲》

作品 10 号《父亲的爱》

爸不懂得怎样表达爱，使我们一家人融洽相处的是我妈。他只是每天上班下班，而妈则把我们做过的错事开列清单，然后由他来责骂我们。有一次我偷了一块糖果，他要我把它送回去，告诉卖糖的说是我偷来的，说我愿意替他拆箱卸货作为赔偿。但妈妈却明白我只是个孩子。

我在运动场打秋千跌断了腿，在前往医院的途中一直抱着我的，是我妈。爸把汽车停在急诊室门口，他们叫他驶开，说那空位是留给紧急车辆停放的。爸听了便叫嚷道："你以为这是什么车？旅游车？"

在我生日会上，爸总是显得有些不大相称。他只是忙于吹气球，布置餐桌，做杂务。把插着蜡烛的蛋糕推过来让我吹的，是我妈。我翻阅照相册时，人们总是问："你爸爸是什么样子的？"天晓得！他老是忙着替别人拍照。妈和我笑容可掬地一起拍的照片，多得不可胜数。

我记得爸有一次教我骑自行车。我叫他别放手，但他却说是应该放手的时候了。我摔倒之后，妈跑过来扶我，爸却挥手要她走开。我当时生气极了，决心要给他点颜色看。于是我马上爬上自行车，而且自己骑给他看。他只是微笑。

我念大学时，所有的家信都是妈写的。他除了寄支票外，还寄过一封短柬给我，说因为我没有在草坪上踢足球了，所以他的草坪长得很美。每次我打电话回家，他似乎都想跟我说话，但结果总是说："我叫你妈来接。"

我结婚时，掉眼泪的是我妈。他只是大声擤了一下鼻子，便走出房间。

我从小到大都听他说："你到哪里去？什么时候回家？汽车有没有汽油？不，不准去。"爸完全不知道怎样表达爱。除非……

会不会是他已经表达了，而我却未能察觉？

——节选自［美］艾尔玛·邦贝克《父亲的爱》

作品 11 号《国家荣誉感》

一个大问题一直盘踞在我脑袋里：

世界杯怎么会有如此巨大的吸引力？除去足球本身的魅力之外，还有什么超乎其上而更伟大的东西？

近来观看世界杯，忽然从中得到了答案：是由于一种无上崇高的精神情感——国家荣誉感！

地球上的人都会有国家的概念，但未必时时会有国家的感情。往往人到异国，思念家乡，心怀故国，这国家概念就变得有血有肉，爱国之情来得非常具体。而现代社会，科技昌达，信息快捷，事事上网，世界真是太小太小，国家的界限似乎也不那么清晰了。再说足球正在快速世界化，平日里各国球员频繁转会，往来随意，致使愈来愈多的国家联赛都具有国际的因素。球员们不论国籍，只效力于自己的俱乐部，他们比赛时的激情中完全没有爱国主义的因子。

然而，到了世界杯大赛，天下大变。各国球员都回国效力，穿上与光荣的国旗同样色彩的服装。在每一场比赛前，还高唱国歌以宣誓对自己祖国的挚爱与忠诚。一种血缘情感开始在全身的血管里燃烧起来，而且立刻热血沸腾。

在历史时代，国家间经常发生对抗，好男儿戎装卫国。国家的荣誉往往需要以自己的生命去换取。但在和平时代，唯有这种国家之间大规模对抗性的大赛，才可以唤起那种遥远而神圣的情感，那就是：为祖国而战！

——节选自冯骥才《国家荣誉感》

作品 12 号《海滨仲夏夜》

夕阳落山不久，西方的天空，还燃烧着一片橘红色的晚霞。大海，也被这霞光染成了红色，而且比天空的景色更要壮观。因为它是活动的，每当一排排波浪涌起的时候，那映照在浪峰上的霞光，又红又亮，简直就像一片片霍霍燃烧着的火焰，闪烁着，消失了。而后面的一排，又闪烁着，滚动着，涌了过来。

天空的霞光渐渐地淡下去了，深红的颜色变成了绯红，绯红又变为浅红。最后，当这一切红光都消失了的时候，那突然显得高而远了的天空，则呈现出一片肃穆的神色。最早出现的启明星，在这蓝色的天幕上闪烁起来了。它是那么大，那么亮，整个广漠的天幕上只有它在那里放射着令人注目的光辉，活像一盏悬挂在高空的明灯。

夜色加浓，苍空中的“明灯”越来越多了。而城市各处的真的灯火也次第亮了起来，尤其是围绕在海港周围山坡上的那一片灯光，从半空倒映在乌蓝的海面上，随着波浪，晃动着，闪烁着，像一串流动着的珍珠，和那一片片密布在苍穹里的星斗互相辉映，煞是好看。

在这幽美的夜色中，我踏着软绵绵的沙滩，沿着海边，慢慢地向前走去。海水，轻轻地抚摸着细软的沙滩，发出温柔的刷刷声。晚来的海风，清新而又凉爽。我的心里，有着说不出的兴奋和愉快。

夜风轻飘飘地吹拂着，空气中飘荡着一种大海和田禾相混合的香味儿，柔软的沙滩上还残留着白天太阳炙晒的余温。那些在各个工作岗位上劳动了一天的人们，三三两两地来到这软绵绵的沙滩上，他们浴着凉爽的海风，望着那缀满了星星的夜空，尽情地说笑，尽情地休憩。

——节选自峻青《海滨仲夏夜》

作品 13 号《海洋与生命》

生命在海洋里诞生绝不是偶然的，海洋的物理和化学性质，使它成为孕育原始生命的摇篮。

我们知道，水是生物的重要组成部分，许多动物组织的含水量在百分之八十以上，而一些海洋生物的含水量高达百分之九十五。水是新陈代谢的重要媒介，没有它，体内的一系列生理和生物化学反应就无法进行，生命也就停止。因此，在短时期内动物缺水要比缺少食物更加危险。水对今天的生命是如此重要，它对脆弱的原始生命，更是举足

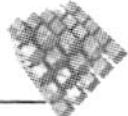

轻重了。生命在海洋里诞生，就不会有缺水之忧。

水是一种良好的溶剂。海洋中含有许多生命所必需的无机盐，如氯化钠、氯化钾、碳酸盐、磷酸盐，还有溶解氧。原始生命可以毫不费力地从中吸取它所需要的元素。

水具有很高的热容量，加之海洋浩大，任凭夏季烈日曝晒，冬季寒风扫荡，它的温度变化却比较小。因此，巨大的海洋就像是天然的“温箱”，是孕育原始生命的温床。

阳光虽然为生命所必需，但是阳光中的紫外线却有扼杀原始生命的危险。水能有效吸收紫外线，因而又为原始生命提供了天然的“屏障”。

这一切都是原始生命得以产生和发展的必要条件。

——节选自童裳亮《海洋与生命》

作品 14 号《和时间赛跑》

读小学的时候，我的外祖母去世了。外祖母生前最疼爱我，我无法排除自己的忧伤，每天在学校的操场上一圈儿又一圈儿地跑着，跑得累倒在地上，扑在草坪上痛哭。

那哀痛的日子，断断续续地持续了很久，爸爸妈妈也不知道如何安慰我。他们知道与其骗我说外祖母睡着了，还不如对我说实话：外祖母永远不会回来了。

“什么是永远不会回来呢?”我问着。

“所有时间里的事物，都永远不会回来。你的昨天过去，它就永远变成昨天，你不能再回到昨天。爸爸以前也和你一样小，现在也不能回到你这么小的童年了；有一天你会长大，你会像外祖母一样老；有一天你度过了你的时间，就永远不会回来了。”爸爸说。

爸爸等于给我一个谜语，这谜语比课本上的“日历挂在墙壁，一天撕去一页，使我心里着急”和“一寸光阴一寸金，寸金难买寸光阴”还让我感到可怕；也比作文本上的“光阴似箭，日月如梭”更让我觉得有一种说不出的滋味。

时间过得那么飞快，使我的小心眼儿里不只是着急，还有悲伤。有一天我放学回家，看到太阳快落山了，就下决心说：“我要比太阳更快地回家。”我狂奔回去，站在庭院前喘气的时候，看到太阳还露着半边脸，我高兴地跳跃起来，那一天我跑赢了太阳。以后我就时常做那样的游戏，有时和太阳赛跑，有时和西北风比快，有时一个暑假才能做完的作业，我十天就做完了；那时我三年级，常常把哥哥五年级的作业来做。每一次比赛胜过时间，我就快乐得不知道怎么形容。

如果将来我有什么要教给我的孩子，我会告诉他：假若你一直和时间比赛，你就可以成功!

——节选自林清玄《和时间赛跑》

作品 15 号《胡适的白话电报》

三十年代初，胡适在北京大学任教授。讲课时他常常对白话文大加称赞，引起一些只喜欢文言文而不喜欢白话文的学生的不满。

一次，胡适正讲得得意的时候，一位姓魏的学生突然站了起来，生气地问：“胡先生，难道说白话文就毫无缺点吗?”胡适微笑着回答说：“没有。”那位学生更加激动了：“肯定有！白话文废话太多，打电报用字多，花钱多。”胡适的目光顿时变亮了，轻声地解释说：“不一定吧！前几天有位朋友给我打来电报，请我去政府部门工作，我决定不去，就回电拒绝了。复电是用白话写的，看来也很省字。请同学们根据我这个意思，用文言文写一个回电，看看究竟是白话文省字，还是文言文省字?”胡教授刚说完，同学们立刻认真地写了起来。

十五分钟过去，胡适让同学举手，报告用字的数目，然后挑了一份用字最少的文言电报稿，电文是这样写的：

“才疏学浅，恐难胜任，不堪从命。”白话文的意思是：学问不深，恐怕很难担任这个工作，不能服从安排。

胡适说，这份写得确实不错，仅用了十二个字。但我的白话电报却只用了五个字：

“干不了，谢谢!”

胡适又解释说：“干不了”就有才疏学浅、恐难胜任的意思；“谢谢”既对朋友的介绍表示感谢，又有拒绝的意思。所以，废话多不多，并不看它是文言文还是白话文，只要注意选用字词，白话文是可以比文言文更省字的。

——节选自陈灼主编《实用汉语中级教程》（上）中《胡适的白话电报》

作品16号《火光》

很久以前，在一个漆黑的秋天的夜晚，我泛舟在西伯利亚一条阴森森的河上。船到一个转弯处，只见前面黑黢黢的山峰下面，一星火光蓦地一闪。

火光又明又亮，好像就在眼前……

“好啦，谢天谢地!”我高兴地说，“马上就到过夜的地方啦!”

船夫扭头朝身后的火光望了一眼，又不以为然地划起桨来。

“远着呢!”

我不相信他的话，因为火光冲破朦胧的夜色，明明在那儿闪烁。不过船夫是对的，事实上，火光的确还远着呢。

这些黑夜的火光的特点是：驱散黑暗，闪闪发亮，近在眼前，令人神往。乍一看，再划几下就到了……其实却还远着呢！……

我们在漆黑如墨的河上又划了很久。一个个峡谷和悬崖，迎面驶来，又向后移去，仿佛消失在茫茫的远方，而火光却依然停在前头，闪闪发亮，令人神往——依然是这么近，又依然是那么远……

现在，无论是这条被悬崖峭壁的阴影笼罩的漆黑的河流，还是那一星明亮的火光，都经常浮现在我的脑际，在这以前和在这以后，曾有许多火光，似乎近在咫尺，不止使我一人心驰神往。可是生活之河却仍然在那阴森森的两岸之间流着，而火光也依旧非常遥远。因此，必须加劲划桨……

然而，火光啊……毕竟……毕竟就在前头!

——节选自［俄］柯罗连科《火光》，张铁夫译

作品17号《济南的冬天》

对于一个在北平住惯的人，像我，冬天要是不刮风，便觉得是奇迹；济南的冬天是没有风声的。对于一个刚由伦敦回来的人，像我，冬天要能看得见日光，便觉得是怪事；济南的冬天是响晴的。自然，在热带的地方，日光永远是那么毒，响亮的天气，反有点儿叫人害怕。可是，在北方的冬天，而能有温晴的天气，济南真得算个宝地。

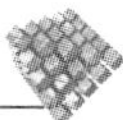

设若单单是有阳光，那有算不了出奇。请闭上眼睛想：一个老城，有山有水，全在天底下晒着阳光，暖和安适地睡着，只等春风来把它们唤醒，这是不是理想的境界？小山整把济南围了个圈儿，只有北边缺着点口儿。这一圈小山在冬天特别可爱，好像是把济南放在一个小摇篮里，它们安静不动地低声地说："你们放心吧，这儿准保暖和。"真的，济南的人们在冬天是面上含笑的。他们一看那些小山，心中便觉得有了着落，有了依靠。他们由天上看到山上，便不知不觉地想起："明天也许就是春天了吧？这样的温暖，今天夜里山草也许就绿起来了吧？"就是这点儿幻想不能一时实现，他们也并不着急，因为这样慈善的冬天，干什么还希望别的呢！

最妙的是下点儿小雪呀。看吧，山上的矮松越发的青黑，树尖儿上顶着一髻儿白花，好像日本看护妇。山尖儿全白了，给蓝天镶上一道银边儿。山坡上，有的地方雪厚点儿，有的地方草色还露着；这样，一道儿白，一道儿暗黄，给山们穿上一件带水纹儿的花衣；看着看着，这件花衣好像被风儿吹动，叫你希望看见一点儿更美的山的肌肤。等到快日落的时候，微黄的阳光斜射在山腰上，那点儿薄雪好像忽然害羞，微微露出点儿粉色。就是下小雪吧，济南是受不住大雪的，那些小山太秀气。

——节选自老舍《济南的冬天》

作品 18 号《家乡的桥》

纯朴的家乡村边有一条河，曲曲弯弯，河中架一弯石桥，弓样的小桥横跨两岸。

每天，不管是鸡鸣晓月，日丽中天，还是月华泻地，小桥都印下串串足迹，洒落串串汗珠。那是乡亲为了追求多棱的希望，兑现美好的遐想。弯弯小桥，不时荡过轻吟低唱，不时露出舒心的笑容。

因而，我稚小的心灵，曾将心声献给小桥：你是一弯银色的新月，给人间普照光辉；你是一把闪亮的镰刀，割刈着欢笑的花果；你是一根晃悠悠的扁担，挑起了彩色的明天！哦，小桥走进我的梦中。

我在飘泊他乡的岁月，心中总涌动着故乡的河水，梦中总看到弓样的小桥。当我访南疆探北国，眼帘闯进座座雄伟的长桥时，我的梦变得丰满了，增添了赤橙黄绿青蓝紫。

三十多年过去，我戴着满头霜花回到故乡，第一紧要的便是去看望小桥。

啊！小桥呢？它躲起来了？河中一道长虹，浴着朝霞熠熠闪光。哦，雄浑的大桥敞开胸怀，汽车的呼啸，摩托的笛音，自行车的叮铃，合奏着进行交响乐；南来的钢筋、花布，北往的柑橙、家禽，绘出交流欢跃图……

啊！蜕变的桥，传递了家乡进步的消息，透露了家乡富裕的声音。时代的春风，美好的追求，我蓦地记起儿时唱给小桥的歌，哦，明艳艳的太阳照耀了，芳香甜蜜的花果捧来了，五彩斑斓的岁月拉开了！

我心中涌动的河水，激荡起甜美的浪花。我仰望一碧蓝天，心底轻声呼喊：家乡的桥啊，我梦中的桥！

——节选自郑莹《家乡的桥》

作品 19 号《坚守你的高贵》

三百多年前，建筑设计师莱伊恩受命设计了英国温泽市政府大厅。他运用工程力学的知识，依据自己多年的实践，巧妙地设计了只用一根柱子支撑的大厅天花板。一年以后，市政府权威人士进行工程验收时，却说只用一根柱子支撑天花板太危险，要求莱伊恩再多加几根柱子。

莱伊恩自信只要一根坚固的柱子足以保证大厅安全，他的“固执”惹恼了市政官员，险些被送上法庭。他非常苦恼：坚持自己原先的主张吧，市政官员肯定会另找人修改设计；不坚持吧，又有悖自己为人的准则。矛盾了很长一段时间，莱伊恩终于想出了一条妙计，他在大厅里增加了四根柱子，不过这些柱子并未与天花板接触，只不过是装装样子。

三百多年过去了，这个秘密始终没有被人发现。直到前两年，市政府准备修缮大厅的天花板，才发现莱伊恩当年的“弄虚作假”。消息传出后，世界各国的建筑专家和游客云集，当地政府对此也不加掩饰，在新世纪到来之际，特意将大厅作为一个旅游景点对外开放，旨在引导人们崇尚和相信科学。

作为一名建筑师，莱伊恩并不是最出色的。但作为一个人，他无疑非常伟大。这种伟大表现在他始终恪守着自己的原则，给高贵的心灵一个美丽的住所，哪怕是遭遇到最大的阻力，也要想办法抵达胜利。

——节选自游宇明《坚守你的高贵》

作品 20 号《金子》

自从传言有人在萨文河畔散步时无意发现了金子后，这里便常有来自四面八方的淘金者。他们都想成为富翁，于是寻遍了整个河床，还在河床上挖出很多大坑，希望借助它们找到更多的金子。的确，有一些人找到了，但另外一些人因为一无所得而只好扫兴归去。

也有不甘心落空的，便驻扎在这里，继续寻找。彼得·弗雷特就是其中一员。他在河床附近买了一块没人要的土地，一个人默默地工作。他为了找金子，已把所有的钱都押在这块土地上。他埋头苦干了几个月，直到土地全变成了坑坑洼洼，他失望了——他翻遍了整块土地，但连一丁点儿金子都没看见。

六个月后，他连买面包的钱都没有了。于是他准备离开这儿到别处去谋生。

就在他即将离去的前一个晚上，天下起了倾盆大雨，并且一下就是三天三夜。雨终于停了，彼得走出小木屋，发现眼前的土地看上去好像和以前不一样，坑坑洼洼已被大水冲刷平整，松软的土地上长出一层绿茸茸的小草。

“这里没找到金子。”彼得忽有所悟地说，“但这土地很肥沃，我可以用来种花，并且拿到镇上去卖给那些富人，他们一定会买些花装扮他们华丽的客厅。如果真是这样的话，那么我一定会赚许多钱，有朝一日我也会成为富人……”

于是他留了下来。彼得花了不少精力培育花苗，不久田地里长满了美丽娇艳的各色鲜花。

五年以后，彼得终于实现了他的梦想——成了一个富翁。“我是唯一的一个找到真金的人!”他时常不无骄傲地告诉别人，“别人在这儿找不到金子后便远远地离开，而我的‘金子’是在这块土地里，只有诚实的人用勤劳才能采集到。”

——节选自陶猛译《金子》

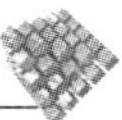

作品 21 号《捐诚》

我在加拿大学习期间遇到过两次募捐，那情景至今使我难以忘怀。

一天，我在渥太华的街上被两个男孩子拦住去路。他们十来岁，穿得整整齐齐，每人头上戴着个做工精巧、色彩鲜艳的纸帽，上面写着“为帮助患小儿麻痹的伙伴募捐”。其中的一个，不由分说就坐在小凳上给我擦起皮鞋来，另一个则彬彬有礼地发问：“小姐，您是哪国人？喜欢渥太华吗？”“小姐，在你们国家有没有小孩儿患小儿麻痹？谁给他们医疗费？”一连串的问题，使我这个有生以来头一次在众目睽睽之下让别人擦鞋的异乡人，从近乎狼狈的窘态中解脱出来。我们像朋友一样聊起天儿来……

几个月之后，也是在街上。一些十字路口处或车站坐着几位老人。他们满头银发，身穿各种老式军装，上面布满了大大小小形形色色的徽章、奖章，每人手捧一大束鲜花。有水仙、石竹、玫瑰及叫不出名字的，一色雪白。匆匆过往的行人纷纷止步，把钱投进这些老人身旁的白色木箱内，然后向他们微微鞠躬，从他们手中接过一朵花。我看了一会儿，有人投一两元，有人投几百元，还有人掏出支票填好后投进木箱。那些老军人毫不注意人们捐多少钱，一直不停地向人们低声道谢。同行的朋友告诉我，这是为纪念二次大战中参战的勇士，募捐救济残废军人和烈士遗孀，每年一次；认捐的人可谓踊跃，而且秩序井然，气氛庄严。有些地方，人们还耐心地排着队。我想，这是因为他们都知道：正是这些老人们的流血牺牲换来了包括他们信仰自由在内的许许多多。

我两次把那微不足道的一点儿钱捧给他们，只想对他们说声“谢谢”。

——节选自青白《捐诚》

作品 22 号《可爱的小鸟》

没有一片绿叶，没有一缕炊烟，没有一粒泥土，没有一丝花香，只有水的世界，云的海洋。

一阵台风袭过，一只孤单的小鸟无家可归，落到被卷到洋里的木板上，乘流而下，姗姗而来，近了，近了……

忽然，小鸟张开翅膀，在人们头顶盘旋了几圈儿，“噗啦”一声落到了船上。许是累了？还是发现了“新大陆”？水手撵它它不走，抓它，它乖乖地落在掌心。可爱的小鸟和善良的水手结成了朋友。

瞧，它多美丽，娇巧的小嘴，啄理着绿色的羽毛，鸭子样的扁脚，呈现出春草的鹅黄。水手们把它带到舱里，给它“搭铺”，让它在船上安家落户。每天，把分到的一塑料桶淡水匀给它喝，把从祖国带来的鲜美的鱼肉分给它吃，天长日久，小鸟和水手的感情日趋笃厚。清晨，当第一束阳光射进舷窗时，它便敞开美丽的歌喉，唱啊唱，嘤嘤有韵，宛如春水淙淙。人类给它以生命，它毫不悭吝地把自己的艺术青春奉献给了哺育它的人。可能都是这样？艺术家们的青春只会献给尊敬他们的人。

小鸟给远航生活蒙上了一层浪漫色调，返航时，人们爱不释手，恋恋不舍地想把它带到异乡。可小鸟憔悴了，给水，不喝！喂肉，不吃！油亮的羽毛失去了光泽。是啊，我们有自己的祖国，小鸟也有它的归宿，人和动物都是一样啊，哪儿也不如故乡好！

慈爱的水手们决定放开它，让它回到大海的摇篮去，回到蓝色的故乡去。离别前，这个大自然的朋友与水手们留影纪念。它站在许多人的头上，肩上，掌上，胳膊上，与喂养过它的人们，一起融进那蓝色的画面……

——节选自王文杰《可爱的小鸟》

作品 23 号《课不能停》

纽约的冬天常有大风雪，扑面的雪花不单令人难以睁开眼睛，甚至呼吸都会吸入冰冷的雪花。有时前一天晚上还是一片晴朗，第二天拉开窗帘，却已经积雪盈尺，连门都推不开了。

遇到这样的情况，公司、商店常会停止上班，学校也通过广播，宣布停课。但令人不解的是，唯有公立小学，仍然开放。只见黄色的校车，艰难地在路边接孩子，老师则一大早就口中喷着热气，铲去车子前后的积雪，小心翼翼地开车去学校。

据统计，十年来纽约的公立小学只因为超级暴风雪停过七次课。这是多么令人惊讶的事。犯得着在大人都无需上班的时候让孩子去学校吗？小学的老师也太倒霉了吧？

于是，每逢大雪而小学不停课时，都有家长打电话去骂。妙的是，每个打电话的人，反应全一样——先是怒气冲冲地责问，然后满口道歉，最后笑容满面的挂上电话。原因是，学校告诉家长：

在纽约有许多百万富翁，但也有不少贫困的家庭。后者白天开不起暖气，供不起午餐，孩子的营养全靠学校里免费的中饭，甚至可以多拿些回家当晚餐。学校停课一天，穷孩子就受一天冻，挨一天饿，所以老师们宁愿自己苦一点儿，也不能停课。

或许有家长会说：何不让富裕的孩子在家里，让贫穷的孩子去学校享受暖气和营养午餐呢？

学校的答复是：我们不愿让那些穷苦的孩子感到他们是在接受救济，因为施舍的最高原则是保持受施者的尊严。

——节选自刘墉《课不能停》

作品 24 号《莲花和樱花》

十年，在历史上不过是一瞬间。只要稍加注意，人们就会发现：在这一瞬间里，各种事物都悄悄经历了自己的千变万化。

这次重新访日，我处处感到亲切和熟悉，也在许多方面发觉了日本的变化。就拿奈良的一个角落来说吧，我重游了为之感受很深的唐招提寺，在寺内各处匆匆走了一遍，庭院依旧，但意想不到还看到了一些新的东西。其中之一，就是近几年从中国移植来的“友谊之莲”。

在存放鉴真遗像的那个院子里，几株中国莲昂然挺立，翠绿的宽大荷叶正迎风而舞，显得十分愉快。开花的季节已过，荷花朵朵已变为莲蓬累累。莲子的颜色正在由青转紫，看来已经成熟了。

我禁不住想：“因”已转化为“果”。

中国的莲花开在日本，日本的樱花开在中国，这不是偶然。我希望这样一种盛况延续不衰。可能有人不欣赏花，但决不会有人欣赏落在自己面前的炮弹。

在这些日子里，我看到了不少多年不见的老朋友，又结识了一些新朋友。大家喜欢涉及的话题之一，就是古长安和古奈良。那还用得着问吗，朋友们缅怀过去，正是瞩望未来。瞩目于未来的人们必将获得未来。

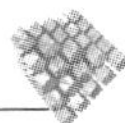

我不例外，也希望一个美好的未来。

为了中日人民之间的友谊，我将不浪费今后生命的每一瞬间。

——节选自严文井《莲花和樱花》

作品 25 号《绿》

梅雨潭闪闪的绿色招引着我们，我们开始追捉她那离合的神光了。揪着草，攀着乱石，小心探身下去，又鞠躬过了一个石穹门，便到了汪汪一碧的潭边了。

瀑布在襟袖之间，但是我的心中已没有瀑布了。我的心随潭水的绿而摇荡。那醉人的绿呀！仿佛一张极大极大的荷叶铺着，满是奇异的绿呀。我想张开两臂抱住她，但这是怎样一个妄想呀。

站在水边，望到那面，居然觉着有些远呢！这平铺着、厚积着的绿，着实可爱。她松松的皱缬着，像少妇拖着的裙幅；她滑滑的明亮着，像涂了“明油”一般，有鸡蛋清那样软，那样嫩；她又不杂些尘滓，宛然一块温润的碧玉，只清清的一色——但你却看不透她！

我曾见过北京什刹海拂地的绿杨，脱不了鹅黄的底子，似乎太淡了。我又曾见过杭州虎跑寺近旁高峻而深密的“绿壁”，丛叠着无穷的碧草与绿叶的，那又似乎太浓了。其余呢，西湖的波太明了，秦淮河的也太暗了。可爱的，我将什么来比拟你呢？我怎么比拟得出呢？大约潭是很深的，故能蕴蓄着这样奇异的绿；仿佛蔚蓝的天融了一块在里面似的，这才这般的鲜润呀。

那醉人的绿呀！我若能裁你以为带，我将赠给那轻盈的舞女，她必能临风飘举了。我若能挹你以为眼，我将赠给那善歌的盲妹，她必明眸善睐了。我舍不得你；我怎舍得你呢？我用手拍着你，抚摩着你，如同一个十二三岁的小姑娘。我又掬你入口，便是吻着她了。我送你一个名字，我从此叫你“女儿绿”，好吗？

第二次到仙岩的时候，我不禁惊诧于梅雨潭的绿了。

——节选自朱自清《绿》

作品 26 号《落花生》

我们家的后园有半亩空地，母亲说：“让它荒着怪可惜的，你们那么爱吃花生，就开辟出来种花生吧。”我们姐弟几个都很高兴，买种，播种，浇水，没过几个月，居然收获了。

母亲说：“今晚我们过一个收获节，请你们父亲也来尝尝我们的新花生，好不好？”我们都说好。母亲把花生做成了好几样食品，还吩咐就在后园的茅亭里过这个节。

晚上天色不太好，可是父亲也来了，实在很难得。

父亲说：“你们爱吃花生吗？”

我们争着答应：“爱！”

“谁能够把花生的好处说出来？”

姐姐说：“花生的味美。”

哥哥说：“花生可以榨油。”

我说：“花生的价钱便宜，谁都可以买来吃，都喜欢吃。这就是它的好处。”

父亲说：“花生的好处很多，有一样最可贵，它的果实埋在地里，不像桃子、石榴、苹果那样，把鲜红嫩绿的果实高高地挂在枝头上，使人一见就生爱慕之心。你们看它矮矮地长在地上，等到成熟了，也不能立刻分辨出来它有没有果实，必须挖出来才知道。”

我们都说是，母亲也点点头。

父亲接下去说：“所以你们要像花生，它虽然不好看，可是很有用，不是外表好看而没有实用的东西。”

我说：“那么，人要做有用的人，不要做只讲体面，而对别人没有好处的人了。”

父亲说：“对。这是我对你们的希望。”

我们谈到夜深才散。花生做的食品都吃完了，父亲的话却深深地印在我的心上。

——节选自许地山《落花生》

作品 27 号《麻雀》

我打猎归来，沿着花园的林阴路走着。狗跑在我前边。

突然，狗放慢脚步，蹑足潜行，好象嗅到了前边有什么野物。

我顺着林阴路望去，看见了一只嘴边还带黄色、头上生着柔毛的小麻雀。风猛烈地吹打着林阴路上的白桦树，麻雀从巢里跌落下来，呆呆地伏在地上，孤立无援地张开两只羽毛还未丰满的小翅膀。

我的狗慢慢向它靠近。忽然，从附近一棵树上飞下一只黑胸脯的老麻雀，象一颗石子似的落到狗的跟前。老麻雀全身倒竖着羽毛，惊恐万状，发出绝望、凄惨的叫声，接着向露出牙齿、大张着的狗嘴扑去。

老麻雀是猛扑下来救护幼雀的。它用身体掩护着自己的幼儿……但它整个小小的身体因恐怖而战栗着，它小小的声音也变得粗暴嘶哑，它在牺牲自己！

在它看来，狗该是个多么庞大的怪物啊！然而，它还是不能站在自己高高的、安全的树枝上……一种比它的理智更强烈的力量，使它从那儿扑下身来。

我的狗站住了，向后退了退……看来，它也感到了这种力量。

我赶紧唤住惊慌失措的狗，然后我怀着崇敬的心情，走开了。

是啊，请不要见笑。我崇敬那只小小的、英勇的鸟儿，我崇敬它那种爱的冲动和力量。

爱，我想，比死和死的恐惧更强大。只有依靠它，依靠这种爱，生命才能维持下去，发展下去。

——节选自［俄］屠格涅夫《麻雀》，巴金译

作品 28 号《迷途笛音》

那年我六岁。离我家仅一箭之遥的小山坡旁，有一个早已被废弃的采石场，双亲从来不准我去那儿，其实那儿风景十分迷人。

一个夏季的下午，我随着一群小伙伴偷偷上那儿去了。就在我们穿越了一条孤寂的小路后，他们却把我一个人留在原地，然后奔向“更危险的地带”了。

等他们走后，我惊慌失措地发现，再也找不到要回家的那条孤寂的小道了。像只无头的苍蝇，我到处乱钻，衣裤上挂满了芒刺。太阳已经落山，而此时此刻，家里一定开始吃晚餐了，双亲正盼着我回家……想着想着，我不由得背靠着一棵树，伤心地呜呜大哭起来……

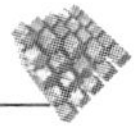

突然，不远处传来了声声柳笛。我像找到了救星，急忙循声走去。一条小道边的树桩上坐着一位吹笛人，手里还正削着什么。走近细看，他不就是被大家称为“乡巴佬儿”的卡廷吗?

“你好，小家伙儿，”卡廷说，“看天气多美，你是出来散步的吧?”

我怯生生地点点头，答道：“我要回家了。”

“请耐心等上几分钟，”卡廷说，“瞧，我正在削一支柳笛，差不多就要做好了，完工后就送给你吧!”

卡廷边削边不时把尚未成形的柳笛放在嘴里试吹一下。没过多久，一支柳笛便递到我手中。我俩在一阵阵清脆悦耳的笛音中，踏上了归途……

当时，我心中只充满感激，而今天，当我自己也成了祖父时，却突然领悟到他用心之良苦！那天当他听到我的哭声时，便判定我一定迷了路，但他并不想在孩子面前扮演“救星”的角色，于是吹响柳笛以便让我能发现他，并跟着他走出困境！就这样，卡廷先生以乡下人的纯朴，保护了一个小男孩儿强烈的自尊。

——节选自唐若水译《迷途笛音》

作品 29 号《莫高窟》

在浩瀚无垠的沙漠里，有一片美丽的绿洲，绿洲里藏着一颗闪光的珍珠。这颗珍珠就是敦煌莫高窟。它坐落在我国甘肃省敦煌市三危山和鸣沙山的怀抱中。

鸣沙山的东麓是平均高度为十七米的崖壁。在一千六百多米长的崖壁上，凿有大小洞窟七百余个，形成了规模宏伟的石窟群。其中四百九十二个洞窟中，共有彩色塑像两千一百余尊，各种壁画共四万五千多平方米。莫高窟是我国古代无数艺术匠师留给人类的珍贵文化遗产。

莫高窟的彩塑，每一尊都是一件精美的艺术品。最大的有九层楼那么高，最小的还不如一个手掌大。这些彩塑个性鲜明，神态各异。有慈眉善目的菩萨，有威风凛凛的天王，还有强壮勇猛的力士……

莫高窟壁画的内容丰富多彩，有的是描绘古代劳动人民打猎、捕鱼、耕田、收割的情景，有的是描绘人们奏乐、舞蹈、演杂技的场面，还有的是描绘大自然的美丽风光。其中最引人注目的是飞天。壁画上的飞天，有的臂挎花篮，采摘鲜花；有的反弹琵琶，轻拨银弦；有的倒悬身子，自天而降；有的彩带飘拂，漫天遨游；有的舒展着双臂，翩翩起舞。看着这些精美动人的壁画，就像走进了灿烂辉煌的艺术殿堂。

莫高窟里还有一个面积不大的洞窟——藏经洞。洞里曾藏有我国古代的各种经卷、文书、帛画、刺绣、铜像等共六万多件。由于清朝政府腐败无能，大量珍贵的文物被外国强盗掠走。仅存的部分经卷，现在陈列于北京故宫等处。

莫高窟是举世闻名的艺术宝库。这里的每一尊彩塑、每一幅壁画、每一件文物，都是中国古代人民智慧的结晶。

——节选自小学《语文》第六册中《莫高窟》

作品 30 号《牡丹的拒绝》

其实你在很久以前并不喜欢牡丹。因为它总被人作为富贵膜拜。后来你目睹了一次牡丹的落花，你相信所有的人都会为之感动：一阵清风徐来，娇艳鲜嫩的盛期牡丹忽然整朵整朵地坠落，铺散一地绚丽的花瓣。那花瓣落地时依然鲜艳夺目，如同一只被奉上祭坛的大鸟脱落的羽毛，低吟着壮烈的悲歌离去。

牡丹没有花谢花败之时，要么烁于枝头，要么归于泥土，它跨越萎顿和衰老，由青春而死亡，由美丽而消遁。它虽美却不吝惜生命，即使告别也要展示给人最后一次惊心动魄。

所以在这阴冷的四月里，奇迹不会发生。任凭游人扫兴和诅咒，牡丹依然安之若素。它不苟且、不俯就、不妥协、不媚俗，甘愿自己冷落自己。它遵循自己的花期自己的规律，它有权利为自己选择每年一度的盛大节日。它为什么不拒绝寒冷？

天南海北的看花人，依然络绎不绝地涌入洛阳城。人们不会因牡丹的拒绝而拒绝它的美。如果它再被贬谪十次，也许它就会繁衍出十个洛阳牡丹城。

于是你在无言的遗憾中感悟到，富贵与高贵只是一字之差。同人一样，花儿也是有灵性的、更有品位之高低。品位这东西为气为魂为筋骨为神韵，只可意会。你叹服牡丹卓尔不群之姿，方知“品位”是多么容易被世人忽略或漠视的美。

——节选自张抗抗《牡丹的拒绝》

作品 31 **号《“能吞能吐”的森林》**

森林涵养水源，保持水土，防止水旱灾害的作用非常大。据专家测算，一片十万亩面积的森林，相当于一个两百万立方米的水库，这正如农谚所说的：“山上多栽树，等于修水库。雨多它能吞，雨少它能吐。”

说起森林的功劳，那还多得很。它除了为人类提供木材及许多种生产、生活的原料之外，在维护生态环境方面也是功劳卓著，它用另一种“能吞能吐”的特殊功能孕育了人类。因为地球在形成之初，大气中的二氧化碳含量很高，氧气很少，气温也高，生物是难以生存的。大约在四亿年之前，陆地才产生了森林。森林慢慢将大气中的二氧化碳吸收，同时吐出新鲜氧气，调节气温：这才具备了人类生存的条件，地球上才最终有了人类。

森林，是地球生态系统的主体，是大自然的总调度室，是地球的绿色之肺。森林维护地球生态环境的这种“能吞能吐”的特殊功能是其他任何物体都不能取代的。然而，由于地球上的燃烧物增多，二氧化碳的排放量急剧增加，使得地球生态环境急剧恶化，主要表现为全球气候变暖，水分蒸发加快，改变了气流的循环，使气候变化加剧，从而引发热浪、飓风、暴雨、洪涝及干旱。

为了使地球的这个“能吞能吐”的绿色之肺恢复健壮，以改善生态环境，抑制全球变暖，减少水旱等自然灾害，我们应该大力造林、护林，使每一座荒山都绿起来。

——节选自《中考语文课外阅读试题精选》中《“能吞能吐”的森林》

作品 32 **号《朋友和其他》**

朋友即将远行。

暮春时节，又邀了几位朋友在家小聚。虽然都是极熟的朋友，却是终年难得一见，偶尔电话里相遇，也无非是几句寻常话。一锅小米稀饭，一碟大头菜，一盘自家酿制的泡菜，一只巷口买回的烤鸭，简简单单，不像请客，倒像家人团聚。

其实，友情也好，爱情也好，久而久之都会转化为亲情。

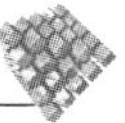

说也奇怪，和新朋友会谈文学、谈哲学、谈人生道理等等，和老朋友却只话家常，柴米油盐，细细碎碎，种种琐事。很多时候，心灵的契合已经不需要太多的言语来表达。

朋友新烫了个头，不敢回家见母亲，恐怕惊骇了老人家，却欢天喜地来见我们，老朋友颇能以一种趣味性的眼光欣赏这个改变。

年少的时候，我们差不多都在为别人而活，为苦口婆心的父母活，为循循善诱的师长活，为许多观念、许多传统的约束力而活。年岁逐增，渐渐挣脱外在的限制与束缚，开始懂得为自己活，照自己的方式做一些自己喜欢的事，不在乎别人的批评意见，不在乎别人的诋毁流言，只在乎那一分随心所欲的舒坦自然。偶尔，也能够纵容自己放浪一下，并且有一种恶作剧的窃喜。

就让生命顺其自然，水到渠成吧，犹如窗前的乌桕，自生自落之间，自有一分圆融丰满的喜悦。春雨轻轻落着，没有诗，没有酒，有的只是一分相知相属的自在自得。

夜色在笑语中渐渐沉落，朋友起身告辞，没有挽留，没有送别，甚至也没有问归期。

已经过了大喜大悲的岁月，已经过了伤感流泪的年华，知道了聚散原来是这样的自然和顺理成章，懂得这点，便懂得珍惜每一次相聚的温馨，离别便也欢喜。

——节选自杏林子《朋友和其他》

作品 33 号《散步》

我们在田野散步：我，我的母亲，我的妻子和儿子。

母亲本不愿出来的。她老了，身体不好，走远一点儿就觉得很累。我说，正因为如此，才应该多走走。母亲信服地点点头，便去拿外套。她现在很听我的话，就像我小时候很听她的话一样。

这南方初春的田野，大块小块的新绿随意地铺着，有的浓，有的淡，树上的嫩芽也密了，田里的冬水也咕咕地起着水泡。这一切都使人想着一样东西——生命。

我和母亲走在前面，我的妻子和儿子走在后面。小家伙突然叫起来：“前面是妈妈和儿子，后面也是妈妈和儿子。”我们都笑了。

后来发生了分歧：母亲要走大路，大路平顺；我的儿子要走小路，小路有意思。不过，一切都取决于我。我的母亲老了，她早已习惯听从她强壮的儿子；我的儿子还小，他还习惯听从他高大的父亲；妻子呢，在外面，她总是听我的。一霎时我感到了责任的重大。我想一个两全的办法，找不出；我想拆散一家人，分成两路，各得其所，终不愿意。我决定委屈儿子，因为我伴同他的时日还长。我说：“走大路。”

但是母亲摸摸孙儿的小脑瓜，变了主意：“还是走小路吧。”她的眼随小路望去：那里有金色的菜花，两行整齐的桑树，尽头一口水波粼粼的鱼塘。“我走不过去的地方，你就背着我。”母亲对我说。

这样，我们在阳光下，向着那菜花、桑树和鱼塘走去。到了一处，我蹲下来，背起了母亲，妻子也蹲下来，背起了儿子。我和妻子都是慢慢地，稳稳地，走得很仔细，好像我背上的同她背上的加起来，就是整个世界。

——节选自莫怀戚《散步》

作品 34 号《神秘的“无底洞”》

地球上是否真的存在“无底洞”？按说地球是圆的，由地壳、地幔和地核三层组成，真正的“无底洞”是不应存在的，我们所看到的各种山洞、裂口、裂缝，甚至火山口也都只是地壳浅部的一种现象。然而中国一些古籍却多次提到海外有个深奥莫测的无底洞。事实上地球上确实有这样一个“无底洞”。

它位于希腊亚各斯古城的海滨。由于濒临大海，大涨潮时，汹涌的海水便会排山倒海般地涌入洞中，形成一股湍湍的急流。据测，每天流入洞内的海水量达三万多吨。奇怪的是，如此大量的海水灌入洞中，却从来没有把洞灌满。曾有人怀疑，这个“无底洞”，会不会就像石灰岩地区的漏斗、竖井、落水洞一类的地形。然而从二十世纪三十年代以来，人们就做了多种努力企图寻找它的出口，却都是枉费心机。

为了揭开这个秘密，一九五八年美国地理学会派出一支考察队，他们把一种经久不变的带色染料溶解在海水中，观察染料是如何随着海水一起沉下去。接着又察看了附近海面以及岛上的各条河、湖，满怀希望地去寻找这种带颜色的水，结果令人失望。难道是海水量太大把有色水稀释得太淡，以致无法发现？

至今谁也不知道为什么这里的海水没完没了地“漏”下去，这个“无底洞”的出口又在哪里？每天大量的海水究竟都流到哪里去了？

——节选自［美］罗伯特·罗威尔《神秘的“无底洞”》

作品 35 号《世间最美的坟墓》

我在俄国见到的景物再没有比托尔斯泰墓更宏伟、更感人的。

完全按照托尔斯泰的愿望，他的坟墓成了世间最美的、给人印象最深刻的的坟墓。它只是树林中的一个小小长方形土丘，上面开满鲜花——没有十字架，没有墓碑，没有墓志铭，连托尔斯泰这个名字也没有。

这位比谁都感到受自己的声名所累的伟人，就像偶尔被发现的流浪汉，不为人知的士兵，不留名姓地被人埋葬了。谁都可以踏进他最后的安息地，围在四周稀疏的木栅栏是不关闭的——保护列夫·托尔斯泰得以安息的没有任何别的东西，唯有人们的敬意；而通常，人们却总是怀着好奇，去破坏伟人墓地的宁静。

这里，逼人的朴素禁锢住任何一种观赏的闲情，并且不容许你大声说话。风儿俯临，在这座无名者之墓的树木之间飒飒响着，和暖的阳光在坟头嬉戏；冬天，白雪温柔地覆盖这片幽暗的圭土地。无论你在夏天或冬天经过这儿，你都想象不到，这个小小的、隆起的长方体里安放着一位当代最伟大的人物。

然而，恰恰是这座不留姓名的坟墓，比所有挖空心思用大理石和奢华装饰建造的坟墓更扣人心弦。在今天这个特殊的日子里，到他的安息地来的成百上千人中间，没有一个有勇气，哪怕仅仅从这幽暗的土丘上摘下一朵花留作纪念。人们重新感到，世界上再没有比托尔斯泰最后留下的、这座纪念碑式的朴素坟墓，更打动人心的了。

——节选自［奥］茨威格《世间最美的坟墓》，张厚仁译

作品 36 号《苏州园林》

我国的建筑，从古代的宫殿到近代的一般住房，绝大部分是对称的，左边怎么样，右边怎么样。苏州园林可绝不讲究对称，好像故意避免似的。东边有了一个亭子或者一

道回廊，西边决不会来一个同样的亭子或者一道同样的回廊。这是为什么？我想，用图画来比方，对称的建筑是图案画，不是美术画，而园林是美术画，美术画要求自然之趣，是不讲究对称的。

苏州园林里都有假山和池沼。

假山的堆叠，可以说是一项艺术而不仅是技术。或者是重峦叠嶂，或者是几座小山配合着竹子花木，全在乎设计者和匠师们生平多阅历，胸中有丘壑，才能使游览者攀登的时候忘却苏州城市，只觉得在山间。

至于池沼，大多引用活水。有些园林池沼宽敞，就把池沼作为全园的中心，其他景物配合着布置。水面假如成河道模样，往往安排桥梁。假如安排两座以上的桥梁，那就一座一个样，决不雷同。

池沼或河道的边沿很少砌齐整的石岸，总是高低屈曲任其自然。还在那儿布置几块玲珑的石头，或者种些花草。这也是为了取得从各个角度看都成一幅画的效果。池沼里养着金鱼或各色鲤鱼，夏秋季节荷花或睡莲开放，游览者看“鱼戏莲叶间”，又是入画的一景。

——节选自叶圣陶《苏州园林》

作品37号《态度创造快乐》

一位访美中国女作家，在纽约遇到一位卖花的老太太。老太太穿着破旧，身体虚弱，但脸上的神情却是那样祥和兴奋。女作家挑了一朵花说：“看起来，你很高兴。”老太太面带微笑地说：“是的，一切都这么美好，我为什么不高兴呢?”“对烦恼，你倒真能看得开。”女作家又说了一句。没料到，老太太的回答更令女作家大吃一惊：“耶稣在星期五被钉上十字架时，是全世界最糟糕的一天，可三天后就是复活节。所以，当我遇到不幸时，就会等待三天，这样一切就恢复正常了。”

“等待三天”，多么富于哲理的话语，多么乐观的生活方式。它把烦恼和痛苦抛下，全力去收获快乐。

沈从文在“文革”期间，陷入了非人的境地。可他毫不在意，他在咸宁时给他的表侄、画家黄永玉写信说：“这里的荷花真好，你若来……”身陷苦难却仍为荷花的盛开欣喜赞叹不已，这是一种趋于澄明的境界，一种旷达洒脱的胸襟，一种面临磨难坦荡从容的气度，一种对生活童子般的热爱和对美好事物无限向往的生命情感。

由此可见，影响一个人快乐的，有时并不是困境及磨难，而是一个人的心态。如果把自己浸泡在积极、乐观、向上的心态中，快乐必然会占据你的每一天。

——节选自韩如意《态度创造快乐》

作品38号《泰山极顶》

泰山极顶看日出，历来被描绘成十分壮观的奇景。有人说：登泰山而看不到日出，就像一出大戏没有戏眼，味儿终究有点寡淡。

我去爬山那天，正赶上个难得的好天，万里长空，云彩丝儿都不见。素常，烟雾腾腾的山头，显得眉目分明。同伴们都欣喜地说：“明天早晨准可以看见日出了。”我也是抱着这种想头，爬上山去。

一路从山脚往上爬，细看山景，我觉得挂在眼前的不是五岳独尊的泰山，却像一幅规模惊人的青绿山水画，从下面倒展开来。在画卷中最先露出的是山根底那座明朝建筑岱宗坊，慢慢地便现出王母池、斗母宫、经石峪。山是一层比一层深，一叠比一叠奇，层层叠叠，不知还会有多深多奇。万山丛中，时而点染着极其工细的人物。王母池旁的吕祖殿里有不少尊明塑，塑着吕洞宾等一些人，姿态神情是那样有生气，你看了，不禁会脱口赞叹说："活啦。"

画卷继续展开，绿荫森森的柏洞露面不太久，便来到对松山。两面奇峰对峙着，满山峰都是奇形怪状的老松，年纪怕都有上千岁了，颜色竟那么浓，浓得好像要流下来似的。来到这儿，你不妨权当一次画里的写意人物，坐在路旁的对松亭里，看看山色，听听流水和松涛。

一时间，我又觉得自己不仅是在看画卷，却又像是在零零乱乱翻着一卷历史稿本。

——节选自杨朔《泰山极顶》

作品39号《陶行知的"四块糖果"》

育才小学校长陶行知在校园看到学生王友用泥块砸自己班上的同学，陶行知当即喝止了他，并令他放学时到校长室去。无疑，陶行知是要好好教育这个"顽皮"的学生。那么他是如何教育的呢？

放学后，陶行知来到校长室，王友已经等在门口准备挨训了。可一见面，陶行知却掏出一块糖果送给王友，并说："这是奖给你的，因为你按时来到这里，而我却迟到了。"王友惊疑地接过糖果。

随后，陶行知又掏出一块糖果放到他手里，说："这第二块糖果也是奖给你的，因为当我不让你再打人时，你立即就住手了，这说明你很尊重我，我应该奖你。"王友更惊疑了，他眼睛睁得大大的。

陶行知又掏出第三块糖果塞到王友手里，说："我调查过了，你用泥块砸那些男生，是因为他们不守游戏规则，欺负女生；你砸他们，说明你很正直善良，且有批评不良行为的勇气，应该奖励你啊！"王友感动极了，他流着眼泪后悔地喊道："陶……陶校长你打我两下吧！我砸的不是坏人，而是自己的同学啊……"

陶行知满意地笑了，他随即掏出第四块糖果递给王友，说："为你正确地认识错误，我再奖给你一块糖果，只可惜我只有这一块糖果了。我的糖果没有了，我看我们的谈话也该结束了吧！"说完，就走出了校长室。

——节选自《教师博览·百期精华》中《陶行知的"四块糖果"》

作品40号《提醒幸福》

享受幸福是需要学习的，当它即将来临的时刻需要提醒。人可以自然而然地学会感官的享乐，却无法天生地掌握幸福的韵律。灵魂的快意同器官的舒适像一对孪生兄弟，时而相傍相依，时而南辕北辙。

幸福是一种心灵的振颤。它像会倾听音乐的耳朵一样，需要不断地训练。

简而言之，幸福就是没有痛苦的时刻。它出现的频率并不像我们想象的那样少。人们常常只是在幸福的金马车已经驶过去很远时，才拣起地上的金鬃毛说，原来我见过它。

人们喜爱回味幸福的标本，却忽略它披着露水散发清香的时刻。那时候我们往往步履匆匆，瞻前顾后不知在忙着什么。

世上有预报台风的，有预报蝗灾的，有预报瘟疫的，有预报地震的。没有人预报幸福。

其实幸福和世界万物一样，有它的征兆。

幸福常常是朦胧的，很有节制地向我们喷洒甘霖。你不要总希望轰轰烈烈的幸福，它多半只是悄悄地扑面而来。你也不要企图把水龙头拧得更大，那样它会很快地流失。你需要静静地以平和之心，体验它的真谛。

幸福绝大多数是朴素的。它不会像信号弹似的，在很高的天际闪烁红色的光芒。它披着本色的外衣，亲切温暖地包裹起我们。

幸福不喜欢喧嚣浮华，它常常在暗淡中降临。贫困中相濡以沫的一块糕饼，患难中心心相印的一个眼神，父亲一次粗糙的抚摸，女友一张温馨的字条……这都是千金难买的幸福啊。像一粒粒缀在旧绸子上的红宝石，在凄凉中愈发熠熠夺目。

——节选自毕淑敏《提醒幸福》

作品 41 号《天才的造就》

在里约热内卢的一个贫民窟里，有一个男孩子。他非常喜欢足球，可是又买不起，于是就踢塑料盒，踢汽水瓶，踢从垃圾箱里拣来的椰子壳。他在胡同里踢，在能找到的任何一片空地上踢。

有一天，当他在一处干涸的水塘里猛踢一个猪膀胱时，被一位足球教练看见了。他发现这个男孩儿踢得很是那么回事，就主动提出送给他一个足球。小男孩儿得到足球后踢得更卖劲了。不久，他就能准确地把球踢进远处随意摆放的一个水桶里。

圣诞节到了，孩子的妈妈说："我们没有钱买圣诞礼物送给我们的恩人，就让我们为他祈祷吧。"

小男孩儿跟随妈妈祈祷完毕，向妈妈要了一把铲子便跑了出去。他来到一座别墅前的花园里，开始挖坑。

就在他快要挖好的时候，从别墅里走出一个人来，问小孩儿在干什么，孩子抬起满是汗珠的脸蛋儿，说："教练，圣诞节到了，我没有礼物送给您，我愿给您的圣诞树挖一个树坑。"

教练把小男孩儿从树坑里拉上来，说："我今天得到了世界上最好的礼物。明天你就到我的训练场去吧。"

三年后，这位十七岁的男孩儿在第六届足球锦标赛上独进二十一球，为巴西第一次捧回金杯。一个原来不为世人所知的名字——贝利，随之传遍世界。

——节选自刘燕敏《天才的造就》

作品 42 号《我的母亲独一无二》

记得我十三岁时，和母亲住在法国东南部的耐斯城。母亲没有丈夫，也没有亲戚，够清苦的，但她经常能拿出令人吃惊的东西，摆在我面前。她从来不吃肉，一再说自己是素食者。然而有一天，我发现母亲正仔细地用一小块碎面包擦那给我煎牛排用的油锅。我明白了她称自己为素食者的真正原因。

我十六岁时，母亲成了耐斯市美蒙旅馆的女经理。这时，她更忙碌了。一天，她瘫在椅子上，脸色苍白，嘴唇发灰。马上找来医生，做出诊断：她摄取了过多的胰岛素。直到这时我才知道母亲多年一直对我隐瞒的疾痛——糖尿病。

她的头歪向枕头一边，痛苦地用手抓挠胸口。床架上方，则挂着一枚我一九三二年赢得耐斯市少年乒乓球冠军的银质奖章。

啊，是对我的美好前途的憧憬支撑着她活下去！为了给她那荒唐的梦至少加一点真实的色彩，我只能继续努力，与时间竞争，直至一九三八年我被征入空军。巴黎很快失陷，我辗转调到英国皇家空军。刚到英国就接到了母亲的来信。这些信是由在瑞士的一个朋友秘密地转到伦敦，送到我手中的。

现在我要回家了，胸前佩戴着醒目的绿黑两色的解放十字绶带，上面挂着五六枚我终身难忘的勋章，肩上还佩戴着军官肩章。到达旅馆时，没有一个人跟我打招呼。原来，我母亲在三年半以前就已经离开人间了。

在她死前的几天中，她写了近二百五十封信，把这些信交给她在瑞士的朋友，请这个朋友定时寄给我。就这样，在母亲死后的三年半的时间里，我一直从她身上汲取着力量和勇气——这使我能够继续战斗到胜利那一天。

——节选自［法］罗曼·加里《我的母亲独一无二》

作品 43 号《我的信念》

生活对于任何人都非易事，我们必须有坚忍不拔的精神。最要紧的，还是我们自己要有信心。我们必须相信，我们对每一件事情都具有天赋的才能，并且，无论付出任何代价，都要把这件事完成。当事情结束的时候，你要能问心无愧地说："我已经尽我所能了。"

有一年的春天，我因病被迫在家里休息数周。我注视着我的女儿们所养的蚕正在结茧，这使我很感兴趣。望着这些蚕执著地、勤奋地工作，我感到我和它们非常相似。像它们一样，我总是耐心地把自己的努力集中在一个目标上。我之所以如此，或许是因为有某种力量在鞭策着我——正如蚕被鞭策着去结茧一般。

近五十年来，我致力于科学研究，而研究，就是对真理的探讨。我有许多美好快乐的记忆。少女时期我在巴黎大学，孤独地过着求学的岁月；在后来献身科学的整个时期，我丈夫和我专心致志，像在梦幻中一般，坐在简陋的书房里艰辛地研究，后来我们就在那里发现了镭。

我永远追求安静的工作和简单的家庭生活。为了实现这个理想，我竭力保持宁静的环境，以免受人事的干扰和盛名的拖累。

我深信，在科学方面我们有对事业而不是对财富的兴趣。我的唯一奢望是在一个自由国家中，以一个自由学者的身份从事研究工作。

我一直沉醉于世界的优美之中，我所热爱的科学也不断增加它崭新的远景。我认定科学本身就具有伟大的美。

——节选自［波兰］玛丽·居里《我的信念》

作品 44 号《我为什么当教师》

我为什么非要教书不可？是因为我喜欢当教师的时间安排表和生活节奏。七、八、九三个月给我提供了进行回顾、研究、写作的良机，并将三者有机融合，而善于回顾、

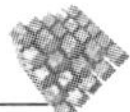

研究和总结正是优秀教师素质中不可缺少的成分。

干这行给了我多种多样的“甘泉”去品尝，找优秀的书籍去研读，到“象牙塔”和实际世界里去发现。教学工作给我提供了继续学习的时间保证，以及多种途径、机遇和挑战。

然而，我爱这一行的真正原因，是爱我的学生。学生们在我的眼前成长、变化。当教师意味着亲历“创造”过程的发生——恰似亲手赋予一团泥土以生命，没有什么比目睹它开始呼吸更激动人心的了。

权利我也有了：我有权利去启发诱导，去激发智慧的火花，去问费心思考的问题，去赞扬回答的尝试，去推荐书籍，去指点迷津。还有什么别的权利能与之相比呢？

而且，教书还给我金钱和权利之外的东西，那就是爱心。不仅有对学生的爱，对书籍的爱，对知识的爱，还有教师才能感受到的对“特别”学生的爱。这些学生，有如冥顽不灵的泥块，由于接受了老师的炽爱才勃发了生机。

所以，我爱教书，还因为，在那些勃发生机的“特别”学生身上，我有时发现自己和他们呼吸相通，忧乐与共。

——节选自［美］彼得·基·贝得勒《我为什么当教师》

作品 45 号《西部文化和西部开发》

中国西部我们通常是指黄河与秦岭相连一线以西，包括西北和西南的十二个省、市、自治区。这块广袤的土地面积为五百四十六万平方公里，占国土总面积的百分之五十七；人口二点八亿，占全国总人口的百分之二十三。

西部是华夏文明的源头。华夏祖先的脚步是顺着水边走的；长江上游出土过元谋人牙齿化石，距今约一百七十万年；黄河中游出土过蓝田人头盖骨，距今约七十万年。这两处古人类都比距今约五十万年的北京猿人资格更老。

西部地区是华夏文明的重要发源地。秦皇汉武以后，东西方文化在这里交汇融合，从而有了丝绸之路的驼铃声声，佛院深寺的暮鼓晨钟。敦煌莫高窟是世界文化史上的一个奇迹，它在继承汉晋艺术传统的基础上，形成了自己兼收并蓄的恢宏气度，展现出精美绝伦的艺术形式和博大精深的文化内涵。秦始皇兵马俑、西夏王陵、楼兰古国、布达拉宫、三星堆、大足石刻等历史文化遗产，同样为世界所瞩目，成为中华文化重要的象征。

西部地区又是少数民族及其文化的集萃地，几乎包括了我国所有的少数民族。在一些偏远的少数民族地区，仍保留了一些久远时代的艺术品种，成为珍贵的“活化石”，如纳西古乐、戏曲、剪纸、刺绣、岩画等民间艺术和宗教艺术。特色鲜明、丰富多彩，犹如一个巨大的民族民间文化艺术宝库。

我们要充分重视和利用这些得天独厚的资源优势，建立良好的民族民间文化生态环境，为西部大开发作出贡献。

——节选自《中考语文课外阅读试题精选》中《西部文化和西部开发》

作品 46 号《喜悦》

高兴，这是一种具体的被看得到摸得着的事物所唤起的情绪。它是心理的，更是生理的。它容易来也容易去，谁也不应该对它视而不见失之交臂，谁也不应该总是做那些使自己不高兴也使旁人不高兴的事。让我们说一件最容易做也最令人高兴的事吧，尊重你自己，也尊重别人，这是每一个人的权利，我还要说这是每一个人的义务。

快乐，它是一种富有概括性的生存状态、工作状态。它几乎是先验的，它来自生命本身的活力，来自宇宙、地球和人间的吸引，它是世界的丰富、绚丽、阔大、悠久的体现。快乐还是一种力量，是埋在地下的根脉。消灭一个人的快乐比挖掉一棵大树的根要难得多。

欢欣，这是一种青春的、诗意的情感。它来自面向着未来伸开双臂奔跑的冲力，它来自一种轻松而又神秘、朦胧而又隐秘的激动，它是激情即将到来的预兆，它又是大雨过后的比下雨还要美妙得多也久远得多的回味……

喜悦，它是一种带有形而上色彩的修养和境界。与其说它是一种情绪，不如说它是一种智慧、一种超拔、一种悲天悯人的宽容和理解，一种饱经沧桑的充实和自信，一种光明的理性，一种坚定的成熟，一种战胜了烦恼和庸俗的清明澄澈。它是一潭清水，它是一抹朝霞，它是无边的平原，它是沉默的地平线。多一点儿，再多一点儿喜悦吧，它是翅膀，也是归巢。它是一杯美酒，也是一朵永远开不败的莲花。

——节选自王蒙《喜悦》

作品 47 号《香港：最贵的一棵树》

在湾仔，香港最热闹的地方，有一棵榕树，它是最贵的一棵树，不光在香港，在全世界，都是最贵的。

树，活的树，又不卖何言其贵？只因它老，它粗，是香港百年沧桑的活见证。香港人不忍看着它被砍伐，或者被移走，便跟要占用这片山坡的建筑者谈条件：可以在这儿建大楼盖商厦，但一不准砍树，二不准挪树，必须把它原地精心养起来，成为香港闹市中的一景。太古大厦的建设者最后签了合同，占用这个大山坡建豪华商厦的先决条件是同意保护这棵老树。

树长在半山坡上，计划将树下面的成千上万吨山石全部掏空取走，腾出地方来盖楼，把树架在大楼上面，仿佛它原本是长在楼顶上似的。

建设者就地造了一个直径十八米、深十米的大花盆，先固定好这棵老树，再在大花盆底下盖楼。光这一手就花了两千三百八十九万港币，堪称是最昂贵的保护措施了。

太古大厦落成之后，人们可以乘滚动扶梯一次到位，来到太古大厦的顶层，出后门，那儿是一片自然景色。一棵大树出现在人们面前，树干有一米半粗，树冠直径足有二十多米，独木成林，非常壮观，形成一座以它为中心的小公园，取名叫“榕圃”。树前面插着铜牌，说明原由。此情此景，如不看铜牌的说明，绝对想不到巨树根底下还有一座宏伟的现代大楼。

——节选自舒乙《香港：最贵的一棵树》

作品 48 号《小鸟的天堂》

我们的船渐渐地逼近榕树了。我有机会看清它的真面目：是一棵大树，有数不清的丫枝，枝上又生根，有许多根一直垂到地上，伸进泥土里。一部分树枝垂到水面，从远处看，就像一棵大树斜躺在水面上一样。

现在正是枝繁叶茂的时节。这棵榕树好像在把它的全部生命力展示给我们看。那么多的绿叶，一簇堆在另一簇的上面，不留一点儿缝隙。翠绿的颜色明亮地在我们的眼前闪耀，似乎每一片树叶上都有一个新的生命在颤动，这美丽的南国的树！

船在树下泊了片刻，岸上很湿，我们没有上去。朋友说这里是“鸟的天堂”，有许多鸟在这棵树上做窝，农民不许人去捉它们。我仿佛听见几只鸟扑翅的声音，但是等到我的眼睛注意地看那里时，我却看不见一只鸟的影子。只有无数的树根立在地上，像许多根木桩。地是湿的，大概涨潮时河水常常冲上岸去。“鸟的天堂”里没有一只鸟，我这样想到。船开了，一个朋友拨着船，缓缓地流到河中间去。

第二天，我们划着船到一个朋友的家乡去，就是那个有山有塔的地方。从学校出发，我们又经过那“鸟的天堂”。

这一次是在早晨，阳光照在水面上，也照在树梢上。一切都显得非常光明。我们的船也在树下泊了片刻。

起初四周围非常清静。后来忽然起了一声鸟叫。我们把手一拍，便看见一只大鸟飞了起来，接着又看见第二只，第三只。我们继续拍掌，很快地这个树林就变得很热闹了。到处都是鸟声，到处都是鸟影。大的，小的，花的，黑的，有的站在枝上叫，有的飞起来，在扑翅膀。

——节选自巴金《小鸟的天堂》

作品 49 号《野草》

有这样一个故事。

有人问：世界上什么东西的气力最大？回答纷纭的很，有的说“象”，有的说“狮”，有人开玩笑似的说：是“金刚”，金刚有多少气力，当然大家全不知道。

结果，这一切答案完全不对，世界上气力最大的，是植物的种子。一粒种子所可以显现出来的力，简直是超越一切。

人的头盖骨，结合得非常致密与坚固，生理学家和解剖学者用尽了一切的方法，要把它完整地分出来，都没有这种力气。后来忽然有人发明了一个方法，就是把一些植物的种子放在要剖析的头盖骨里，给它以温度与湿度，使它发芽。一发芽，这些种子便以可怕的力量，将一切机械力所不能分开的骨骼，完整地分开了。植物种子的力量之大，如此如此。

这，也许特殊了一点儿，常人不容易理解。那么，你看见过笋的成长吗？你看见过被压在瓦砾和石块下面的一颗小草的生成吗？它为着向往阳光，为着达成它的生之意志，不管上面的石块如何重，石与石之间如何狭，它必定要曲曲折折地，但是顽强不屈地透到地面上来。它的根往土壤钻，它的芽往地面挺，这是一种不可抗拒的力，阻止它的石块，结果也被它掀翻，一粒种子的力量之大，如此如此。

没有一个人将小草叫做“大力士”，但是它的力量之大，的确是世界无比。这种力是一般人看不见的生命力。只要生命存在，这种力就要显现。上面的石块，丝毫不足以阻挡。因为它是一种“长期抗战”的力；有弹性，能屈能伸的力；有韧性，不达目的不止的力。

——节选自夏衍《野草》

作品 50 号《一分钟》

著名教育家班杰明曾经接到一个青年人的求救电话，并与那个向往成功、渴望指点的青年人约好了见面的时间和地点。

待那个青年人如约而至时，班杰明的房门敞开着，眼前的景象令青年人颇感意外——班杰明的房间里乱七八糟、狼藉一片。

没等青年人开口，班杰明就招呼道："你看我这房间，太不整洁了，请你在门外等候一分钟，我收拾一下，你再进来吧。"一边说着，班杰明就轻轻地关上了房门。

不到一分钟的时间，班杰明就又打开了房门并热情地把青年人让进客厅。这时，青年人的眼前展现出另一番景象——房间内的一切已变得井然有序，而且有两杯刚刚倒好的红酒，在淡淡的香水气息里还漾着微波。

可是，没等青年人把满腹的有关人生和事业的疑难问题向班杰明讲出来，班杰明就非常客气地说道："干杯。你可以走了。"

青年人手持酒杯一下子愣住了，既尴尬又非常遗憾地说："可是，我……我还没向您请教呢……"

"这些……难道还不够吗？"班杰明一边微笑着，一边扫视着自己的房间，轻言细语地说，"你进来又有一分钟了。"

"一分钟……一分钟……"青年人若有所思地说，"我懂了，您让我明白了一分钟的时间可以做许多事情，可以改变许多事情的深刻道理。"

班杰明舒心地笑了。青年人把杯里的红酒一饮而尽，向班杰明连连道谢后，开心地走了。

其实，只要把握好生命的每一分钟，也就把握了理想的人生。

——节选自纪广洋《一分钟》

作品 51 号《一个美丽的故事》

有个塌鼻子的小男孩儿，因为两岁时得过脑炎，智力受损，学习起来很吃力。打个比方，别人写作文能写二三百字，他却只能写三五行。但即便这样的作文，他同样能写得动人。

那是一次作文课，题目是《愿望》。他极其认真地想了半天，然后极认真地写，那作文极短。只有三句话：我有两个愿望，第一个是，妈妈天天笑眯眯地看着我说："你真聪明。"第二个是，老师天天笑眯眯地看着我说："你一点儿也不笨。"

于是，就是这篇作文，深深地打动了他的老师。那位妈妈式的老师不仅给了他最高分，在班上带感情地朗读了这篇作文，还一笔一画地批道：你很聪明，你的作文写得非常感人，请放心，妈妈肯定会格外喜欢你的，老师肯定会格外喜欢你的，大家肯定会格外喜欢你的。

捧着作文本，他笑了，蹦蹦跳跳地回家了，像只喜鹊。但他并没有把作文本拿给妈妈看，他是在等待，等待着一个美好的时刻。

那个时刻终于到了，是妈妈的生日——一个阳光灿烂的星期天：那天，他起得特别早，把作文本装在一个亲手做的美丽的大信封里，等着妈妈醒来。妈妈刚刚睁眼醒来，他就笑眯眯地走到妈妈跟前说："妈妈，今天是您的生日，我要送给您一件礼物。"

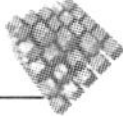

果然，看着这篇作文，妈妈甜甜地涌出了两行热泪，一把搂住小男孩儿，搂得很紧很紧。

是的，智力可以受损，但爱永远不会。

——节选自张玉庭《一个美丽的故事》

作品 52 号《永远的记忆》

小学的时候，有一次我们去海边远足，妈妈没有做便饭，给了我十块钱买午餐。好像走了很久，很久，终于到海边了，大家坐下来便吃饭。荒凉的海边没有商店，我一个人跑到防风林外面去，级任老师要大家把吃剩的饭菜分给我一点儿。有两三个男生留下一点儿给我，还有一个女生，她的米饭拌了酱油，很香。我吃完的时候，她笑眯眯地看着我，短头发，脸圆圆的。

她的名字叫翁香玉。

每天放学的时候，她走的是经过我们家的一条小路，带着一位比她小的男孩儿，可能是弟弟。小路边是一条清澈见底的小溪，两旁竹阴覆盖，我总是远远地跟在后面。夏日的午后特别炎热，走到半路她会停下来，拿手帕在溪水里浸湿，为小男孩儿擦脸。我也在后面停下来，把肮脏的手帕弄湿了擦脸，再一路远远跟着她回家。

后来我们家搬到镇上去了，过几年我也上了中学。有一天放学回家，在火车上，看见斜对面一位短头发、圆圆脸的女孩儿，一身素净的白衣黑裙。我想她一定不认识我了。火车很快到站了，我随着人群挤向门口，她也走近了，叫我的名字。这是她第一次和我说话。

她笑眯眯的，和我一起走过月台。以后就没有再见过她了。

这篇文章收在我出版的《少年心事》这本书里。

书出版后半年，有一天我忽然收到出版社转来的一封信，信封上是陌生的字迹，但清楚地写着我本名。

信里面说她看到了这篇文章心里非常激动，没想到在离开家乡，漂泊异地这么久之后，会看见自己仍然在一个人的记忆里，她自己也深深记得这其中的每一幕，只是没想到越过遥远的时空，竟然另一个人也深深记得。

——节选自苦伶《永远的记忆》

作品 53 号《语言的魅力》

在繁华的巴黎大街的路旁，站着一个衣衫褴褛、头发斑白、双目失明的老人。他不像其他乞丐那样伸手向过路行人乞讨，而是在身旁立一块木牌，上面写着："我什么也看不见！"街上过往的行人很多，看了木牌上的字都无动于衷，有的还淡淡一笑，便姗姗而去了。

这天中午，法国著名诗人让·彼浩勒也经过这里。他看看木牌上的字，问盲老人："老人家，今天上午有人给你钱吗？"

盲老人叹息着回答："我，我什么也没有得到。"说着，脸上的神情非常悲伤。

让·彼浩勒听了，拿起笔悄悄地在那行字的前面添上了"春天到了，可是"几个字，就匆匆地离开了。

晚上，让·彼浩勒又经过这里，问那个盲老人下午的情况。盲老人笑着回答说：

“先生，不知为什么，下午给我钱的人多极了!”让·彼浩勒听了，摸着胡子满意地笑了。

“春天到了，可是我什么也看不见!”这富有诗意的语言，产生这么大的作用，就在于它有非常浓厚的感情色彩。是的，春天是美好的，那蓝天白云，那绿树红花，那莺歌燕舞，那流水人家，怎么不叫人陶醉呢?但这良辰美景，对于一个双目失明的人来说，只是一片漆黑。当人们想到这个盲老人，一生中竟连万紫千红的春天都不曾看到，怎能不对他产生同情之心呢?

——节选自小学《语文》第六册中《语言的魅力》

作品 54 号《赠你四味长寿药》

有一次，苏东坡的朋友张鹗拿着一张宣纸来求他写一幅字，而且希望他写一点儿关于养生方面的内容。苏东坡思索了一会儿，点点头说：“我得到了一个养生长寿古方，药只有四味，今天就赠给你吧。”于是，东坡的狼毫在纸上挥洒起来，上面写着：“一曰无事以当贵，二曰早寝以当富，三曰安步以当车，四曰晚食以当肉。”

这哪里有药?张鹗一脸茫然地问。苏东坡笑着解释说，养生长寿的要诀，全在这四句里面。

所谓“无事以当贵”，是指人不要把功名利禄、荣辱过失考虑得太多，如能在情志上潇洒大度，随遇而安，无事以求，这比富贵更能使人终其天年。

“早寝以当富”，指吃好穿好、财货充足，并非就能使你长寿。对老年人来说，养成良好的起居习惯，尤其是早睡早起，比获得任何财富更加富贵。

“安步以当车”，指人不要过于讲求安逸、肢体不劳，而应多以步行来替代骑马乘车，多运动才可以强健体魄，通畅气血。

“晚食以当肉”，意思是人应该用已饥方食、未饱先止代替对美味佳肴的贪吃无厌。他进一步解释，饿了以后才进食，虽然是粗茶淡饭，但其香甜可口会胜过山珍；如果饱了还要勉强吃，即使美味佳肴摆在眼前也难以下咽。

苏东坡的四味“长寿药”，实际上是强调了情志、睡眠、运动、饮食四个方面对养生长寿的重要性，这种养生观点即使在今天仍然值得借鉴。

——节选自蒲昭和《赠你四味长寿药》

作品 55 号《站在历史的枝头微笑》

人活着，最要紧的是寻觅到那片代表着生命绿色和人类希望的丛林，然后选一高高的枝头站在那里观览人生，消化痛苦，孕育歌声，愉悦世界!

这可真是一种潇洒的人生态度，这可真是一种心境爽朗的情感风貌。

站在历史的枝头微笑，可以减免许多烦恼。在那里，你可以从众生相所包含的甜酸苦辣、百味人生中寻找你自己，你境遇中的那点儿苦痛，也许相比之下，再也难以占据一席之地，你会较容易地获得从不悦中解脱灵魂的力量，使之不致变得灰色。

人站得高些，不但能有幸早些领略到希望的曙光，还能有幸发现生命的立体的诗篇。每一个人的人生，都是这诗篇中的一个词、一个句子或者一个标点。你可能没有成为一个美丽的词，一个引人注目的句子，一个惊叹号，但你依然是这生命的立体诗篇中的一个音节、一个停顿、一个必不可少的组成部分。这足以使你放弃前嫌，萌生为人类

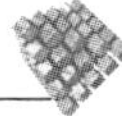

孕育新的歌声的兴致，为世界带来更多的诗意。

最可怕的人生见解，是把多维的生存图景看成平面。因为那平面上刻下的大多是凝固了的历史——过去的遗迹；但活着的人们，活得却是充满着新生智慧的，由不断逝去的“现在”组成的未来。人生不能像某些鱼类躺着游，人生也不能像某些兽类爬着走，而应该站着向前行，这才是人类应有的生存姿态。

——节选自［美］本杰明·拉什《站在历史的枝头微笑》

作品 56 号《中国的宝岛——台湾》

中国的第一大岛、台湾省的主岛台湾，位于中国大陆架的东南方，地处东海和南海之间，隔着台湾海峡和大陆相望。天气晴朗的时候，站在福建沿海较高的地方，就可以隐隐约约地望见岛上的高山和云朵。

台湾岛形状狭长，从东到西，最宽处只有一百四十多公里；由南至北，最长的地方约有三百九十多公里。地形像一个纺织用的梭子。

台湾岛上的山脉纵贯南北，中间的中央山脉犹如全岛的脊梁。西部为海拔接近四千米的玉山山脉，是中国东部的最高峰。全岛约有三分之一的地方是平地，其余为山地。岛内有缎带般的瀑布，蓝宝石似的湖泊，四季常青的森林和果园，自然景色十分优美。西南部的阿里山和日月潭，台北市郊的大屯山风景区，都是闻名世界的游览胜地。

台湾岛地处热带和温带之间，四面环海，雨水充足。气温受到海洋的调剂，冬暖夏凉，四季如春，这给水稻和果木生长提供了优越的条件。水稻、甘蔗、樟脑是台湾的“三宝”。岛上还盛产鲜果和鱼虾。

台湾岛还是一个闻名世界的“蝴蝶王国”。岛上的蝴蝶共有四百多个品种，其中有不少是世界稀有的珍贵品种。岛上还有不少鸟语花香的蝴蝶谷，岛上居民利用蝴蝶制作的标本和艺术品，远销许多国家。

——节选自《中国的宝岛——台湾》

作品 57 号《中国的牛》

对于中国的牛，我有着一种特别的尊敬感情。

留给我印象最深的，要算在田垄上的一次“相遇”。

一群朋友郊游，我领头在狭窄的阡陌上走，怎料迎面来了几头耕牛，狭道容不下人和牛，终有一方要让路。它们还没有走近，我们已经预计斗不过畜牲，恐怕难免踩到田地泥水里，弄得鞋袜又是泥又是水了。正踟蹰的时候，带头的一头牛，在离我们不远的地方停下来，抬起头看看，稍迟疑一下，就自动走下田去。一队耕牛，全跟着它离开阡陌，从我们身边经过。

我们都呆了，回过头来，看着深褐色的牛队，在路的尽头消失，忽然觉得自己受了很大的恩惠。

中国的牛，永远沉默地为人做着沉重的工作。在大地上，在晨光或烈日下，它拖着沉重的犁，低头一步又一步，拖出了身后一列又一列松土，好让人们下种。等到满地金黄或农闲时候，它可能还得担当搬运负重的工作；或终日绕着石磨，朝同一方向，走不计程的路。

在它沉默的劳动中，人便得到应得的收成。

那时候，也许，它可以松一肩重担，站在树下，吃几口嫩草。偶尔摇摇尾巴，摆摆耳朵，赶走飞附身上的苍蝇，已经算是它最闲适的生活了。

中国的牛，没有成群奔跑的习惯，永远沉沉实实的，默默地工作，平心静气。这就是中国的牛！

——节选自小思《中国的牛》

作品58号《住的梦》

不管我的梦想能否成为事实，说出来总是好玩儿的：

春天，我将要住在杭州。二十年前，旧历的二月初，在西湖我看见了嫩柳与菜花，碧浪与翠竹。由我看到的那点儿春光，已经可以断定，杭州的春天必定会教人整天生活在诗与图画之中。所以，春天我的家应当是在杭州。

夏天，我想青城山应当算作最理想的地方。在那里，我虽然只住过十天，可是它的幽静已拴住了我的心灵。在我所看见过的山水中，只有这里没有使我失望。到处都是绿，目之所及，那片淡而光润的绿色都在轻轻的颤动，仿佛要流入空中与心中似的。这个绿色会像音乐，涤清了心中的万虑。

秋天一定要住北平。天堂是什么样子，我不知道，但是从我的生活经验去判断，北平之秋便是天堂。论天气，不冷不热。论吃的，苹果、梨、柿子、枣儿、葡萄，每样都有若干种。论花草，菊花种类之多，花式之奇，可以甲天下。西山有红叶可见，北海可以划船——虽然荷花已残，荷叶可还有一片清香。衣食住行，在北平的秋天，是没有一项不使人满意的。

冬天，我还没有打好主意，成都或者相当的合适，虽然并不怎样和暖，可是为了水仙，素心腊梅，各色的茶花，仿佛就受一点寒冷，也颇值得去了。昆明的花也多，而且天气比成都好，可是旧书铺与精美而便宜的小吃远不及成都那么多。好吧，就暂时这么规定：冬天不住成都便住昆明吧。

在抗战中，我没能发国难财。我想，抗战胜利以后，我必能阔起来。那时候，假若飞机减价，一二百元就能买一架的话，我就自备一架，择黄道吉日慢慢的飞行。

——节选自老舍《住的梦》

作品59号《紫藤萝瀑布》

我不由得停住了脚步。

从未见过开得这样盛的藤萝，只见一片辉煌的淡紫色，像一条瀑布，从空中垂下，不见其发端，也不见其终极，只是深深浅浅的紫，仿佛在流动，在欢笑，在不停地生长。紫色的大条幅上，泛着点点银光，就像迸溅的水花。仔细看时，才知那是每一朵紫花中的最浅淡的部分，在和阳光互相挑逗。

这里除了光彩，还有淡淡的芳香，香气似乎也是浅紫色的，梦幻一般轻轻地笼罩着我。忽然记起十多年前，家门外也曾有过一大株紫藤萝，它依傍一株枯槐爬得很高，但花朵从来都稀落，东一穗西一串伶仃地挂在树梢，好像在察颜观色，试探什么。后来索性连那稀零的花串也没有了。园中别的紫藤花架也都拆掉，改种了果树。那时的说法是，花和生活腐化有什么必然关系。我曾遗憾地想：这里再看不见藤萝花了。

过了这么多年，藤萝又开花了，而且开得这样盛，这样密，紫色的瀑布遮住了粗壮

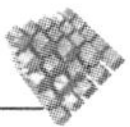

的盘虬卧龙般的枝干，不断地流着，流着，流向人的心底。

花和人都会遇到各种各样的不幸，但是生命的长河是无止境的。我抚摸了一下那小小的紫色的花舱，那里满装了生命的酒酿，它张满了帆，在这闪光的花的河流上航行。它是万花中的一朵，也正是由每一个一朵，组成了万花灿烂的流动的瀑布。

在这浅紫色的光辉和浅紫色的芳香中，我不觉加快了脚步。

——节选自宗璞《紫藤萝瀑布》

作品60号《最糟糕的发明》

在一次名人访问中，被问及上个世纪最重要的发明是什么时，有人说是电脑，有人说是汽车，等等。但新加坡的一位知名人士却说是冷气机。他解释，如果没有冷气，热带地区如东南亚国家，就不可能有很高的生产力，就不可能达到今天的生活水准。他的回答实事求是，有理有据。

看了上述报道，我突发奇想：为什么没有记者问："二十世纪最糟糕的发明是什么?"其实二〇〇二年十月中旬，英国的一家报纸就评出了"人类最糟糕的发明"。获此"殊荣"的，就是人们每天大量使用的塑料袋。

诞生于上个世纪三十年代的塑料袋，其家族包括用塑料制成的快餐饭盒、包装纸、餐用杯盘、饮料瓶、酸奶杯、雪糕杯等等。这些废弃物形成的垃圾，数量多、体积大、重量轻、不降解，给治理工作带来很多技术难题和社会问题。

比如，散落在田间、路边及草丛中的塑料餐盒，一旦被牲畜吞食，就会危及健康甚至导致死亡；填埋废弃塑料袋、塑料餐盒的土地，不能生长庄稼和树木，造成土地板结；而焚烧处理这些塑料垃圾，则会释放出多种化学有毒气体，其中一种称为二恶英的化合物，毒性极大。

此外，在生产塑料袋、塑料餐盒的过程中使用的氟利昂，对人体免疫系统和生态环境造成的破坏也极为严重。

——节选自林光如《最糟糕的发明》

二、普通话水平测试命题说话训练

第一节　普通话水平测试命题说话注意事项及技巧

一、“说话”时的注意事项

“说话”通常是指“言语交际”，指运用有声语言进行交际、交流思想、陈述道理、抒发感情、说明事实的一种实践活动。普通话水平测试中的命题说话主要测查应试人在没有文字材料依据的情况下自如运用普通话的水平和能力，包括语音的标准程度、词汇语法的规范程度以及口语表达的自然流畅水平，是检测一个人整体掌握、应用普通话的能力和所达到的规范程度。由国家普通话培训测试中心制定的说话题目共 30 个。

应试人在进行说话题测试时要注意以下两点。

1. 放松心情，调节心态

很多应试人在进入命题说话应试时，由于脑子里不仅想着要语音力求标准、词汇语法力求规范，还要思考这个话题怎么说、说什么，所以往往会紧张得乱了阵脚，反而找不到话说，或者东拉西扯不着边际。这个时候就需要应试人放松心情，调节紧张的心态，沉着冷静去应对测试，把命题说话的测试当做是在和朋友聊天，好似在讲述一件事或谈论自己对某一件事、某一个问题的观点和看法。

2. 认真审题，拟定题纲

普通话水平测试中的“说话”，不是作文但又和作文不无关系，也需要审题、立意、选材、布局。很多应试人在进入说话测试时，经常是开了头，说了不到 30 秒或者 1 分钟，就找不到话说。究其原因，编者认为根本的问题是审题不清、立意不准、选材不足。要怎么做才能把话题说得完整甚至说得更好？编者认为可从以下三个方面来注意。

第一，审清题意，说话要切题。明确自己要说的话题是人是事还是某一件物，或者某一项活动。找出重点，明确自己主要说的是什么，把时间、地点、人物、过程、结果等内容有条理性地加进去。

第二，要明确中心。根据题目要求，明确说话的中心是什么、关键性词语有哪些。命题说话 30 个题目，可以将之归为两类：一种为记叙性的话题，一种为议论性的话题。相较而言，记叙性话题较容易表述，其中心比较明确，主要是围绕某一件确定的事或者一个人来进行叙述，如《我尊敬的人》，这个题目的关键词是“尊敬”、“人”，那么应试人在说话时就要把这人是谁、为什么令你尊敬考虑清楚，并举具体事例说明；如《难忘的旅行》，这个话题的关键词是“难忘”和“旅行”，说话时就要说明这次旅行是什么时候、为什么难忘，要举具体事例说明难忘的原因等。而议论性话题则范围较广，需要应

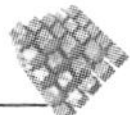

试人确定话题中心，即针对某一现象、某一事件来发表自己的某一观点，并用事实讲述作为论据，用论据来证明和支持自己的观点，也就是要提出问题、分析问题、解决问题，如《谈服饰》、《谈谈卫生与健康》，也可把内容范围不确定的话题题目归入议论性话题来说，如《我喜欢的节日》、《我喜爱的书刊》等。

第三，选择和组织材料。选择什么材料，这就需要应试人拿到题目后明确自己说的是什么、为什么、怎么做，然后思考需要哪些材料才能反映出话题所要表达的中心，并且这些说话内容材料要真实、具有代表性和典型性。选出材料后，再明确按什么顺序说，先说什么、再说什么、最后说什么，按这样的构思来拟定题纲，整个说话就显得内容丰富、条理清楚了。

二、“说话”的技巧

第一，语感自然，语调适中。因为说话不是演讲，也不是朗诵、朗读，所以，整个应试过程应自然放松，用一种和朋友娓娓而谈的语气最好。

第二，用词恰当，说话多用口语化语言，少用华丽的词语。

第三，语句流畅，避免口头禅，如“嗯”、“这个”、“然后”等，多用短小的句子。

第四，审题要准确，选定话题就别再改变，想清楚自己要说的是什么，要从哪些方面哪些内容来说。如说人的话题，可从介绍对象的职业、年龄、外貌、个性来讲述；如说事的话题，点明说的事是什么，具体讲述事件发生的时间、地点、所涉及人物、事件的整个过程和最后的结果。

第五，布局要合理，结构要完整。边说话边思考的间隙，要注意前后说话衔接的逻辑性，可适当用些关联性词语，诸如“正因为……所以……”、“不管……还……”、“虽然……但是……”等。

第六，学会举事例。普通话 30 个话题，无论记叙性话题还是议论性话题，都可在说话过程中运用具体事例来叙述。说人的话题，可通过某一件具体事例来说明话题对象的某一个性特征或者要说的某一方面，如《我最尊敬的人》，可谈谈介绍对象在学习上是怎样对你进行鼓励和帮助，生病时对你的关怀以及其他能表现出对象或严厉、或温柔、或值得尊敬的具体事例等；说事或物的话题，可通过你经历过的、印象最深的，又能刻画或体现出这件事或这个物的某一特征的具体事例，如《我的家乡》，可从你参加过的红白喜事来介绍家乡的风土人情，也可从你曾经上山放牛、采蘑菇、下河捉鱼虾等来介绍家乡的物产、自然风情等；《谈美食》，可从你了解到的某一道（或几道）美食的做法和特点来举例介绍；《谈卫生与健康》，可从了解到的某些因为不讲卫生而导致疾病传播的事例来举例说明卫生与健康的关系。

第二节　命题说话题目

普通话水平测试命题说话题目 30 个，由国家普通话水平测试中心编制。

1. 我的愿望（或理想）
2. 我的学习生活

3. 我最尊敬的人
4. 我喜欢的动（植）物
5. 童年的记忆
6. 我喜欢的职业
7. 难忘的旅行
8. 我的朋友
9. 我喜爱的文学（或其他）艺术形式
10. 谈谈卫生与健康
11. 我的业余生活
12. 我喜欢的季节（或天气）
13. 学习普通话的体会
14. 谈谈服饰
15. 我的假日生活
16. 我的成长之路
17. 谈谈科技发展与社会生活
18. 我知道的风俗
19. 我和体育
20. 我的家乡
21. 谈谈美食
22. 我喜欢的节日
23. 我所在的集体
24. 谈谈社会公德
25. 谈谈个人修养
26. 我喜欢的明星（或其他知名人士）
27. 我喜爱的书刊
28. 谈谈对环境保护的认识
29. 我向往的地方
30. 购物的感受

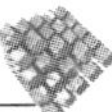

三、普通话水平测试模拟试卷

模拟试卷一

单位＿＿＿＿＿姓名＿＿＿＿＿考号＿＿＿＿＿＿＿＿＿得分＿＿＿＿＿＿＿＿＿

一、读单音节字词（100 个音节，共 10 分，限时 3.5 分钟）

题分	读音错误	读音缺陷	超时	得分
10	个扣　　分	个扣　　分	分钟扣　　分	

搬　硅　药　插　墨　而　终　蔫　揪　聊　清　踹　堆　用　缸　秦　唤　奖
爷　尼　盯　逛　临　尔　俏　窜　修　婶　闩　旱　灭　哭　草　奸　煤　怪
挥　淌　翁　涩　胸　籽　罚　坨　优　评　类　铐　枕　池　拼　钠　捆　瓮
略　蛙　镖　龙　驴　司　怀　邢　扔　岸　尹　孙　棚　捐　吴　灾　改　旬
稍　匀　猜　艘　蛆　夏　蜂　藕　至　凝　若　黑　憋　因　点　坡　浙　跃
门　选　梯　浮　惨　锅　杂　论　熔　旺

二、读多音节词语（100 个音节，共 20 分，限时 2.5 分钟）

题分	读音错误	读音缺陷	超时	得分
20	个扣　　分	个扣　　分	分钟扣　　分	

框子　寒战　所属　女婿　偶然性　麻烦　恰当　街道　家眷　邮戳儿　胚胎
苍蝇　感动　军装　打盹儿　豁免　胜利　群众　随时　胡同儿　可爱　疟疾
从头　瓜分　批准　穷人　近亲　儿童　快乐　脉搏　歪斜　怎么　能量
朴素　氨基酸　支援　传导　自流　酿造　佛教　秋天　嘴唇　矿床　化学
雄伟　打扰　不顾　下颌　灵敏

三、朗读短文（400 个音节，共 30 分，限时 4 分钟）

题分	音节错漏添每个音节扣 0.1 分	声韵缺陷视程度扣 0.5—1 分	语调偏误扣 0.5—2 分	停连不当扣 0.5—2 分	朗读不流畅、回读扣 0.5—2 分	超时扣 1 分	得分
30	个扣　分						

爸不懂得怎样表达爱，使我们一家人融洽相处的是我妈。他只是每天上班下班，而妈则把我们做过的错事开列清单，然后由他来责骂我们。有一次我偷了一块糖果，他要我把它送回去，告诉卖糖的说是我偷来的，说我愿意替他拆箱卸货作为赔偿。但妈妈却明白我只是个孩子。

我在运动场打秋千跌断了腿，在前往医院的途中一直抱着我的，是我妈。爸把汽车停在急诊室门口，他们叫他驶开，说那空位是留给紧急车辆停放的。爸听了便叫嚷道："你以为这是什么车？旅游车？"

在我生日会上，爸总是显得有些不大相称。他只是忙于吹气球，布置餐桌，做杂务。把插着蜡烛的蛋糕推过来让我吹的，是我妈。我翻阅照相册时，人们总是问："你爸爸是什么样子的？"天晓得！他老是忙着替别人拍照。妈和我笑容可掬地一起拍的照片，多得不可胜数。

我记得爸有一次教我骑自行车。我叫他别放手，但他却说是应该放手的时候了。我摔倒之后，妈跑过来扶我，爸却挥手要她走开。我当时生气极了，决心要给他点颜色看。于是我马上爬上自行车，而且自己骑给他看。他只是微笑。我念大学时，所有的家信都是妈写的。他除了寄支票外…

四、命题说话（下列话题任选一个，共40分，限时3分钟）

1. 我喜爱的书刊　　2. 我向往的地方

题分	语音标准程度扣分 0.5—2/3—4/5—6/7—8/9—11/12—14	词汇语法规范程度 扣分 0.5—1/2—3/3—4	自然流畅程度扣分 0.5—1/2—3	缺时 扣分 1/2	离题 扣分 2—30	得分
40						

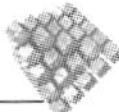

模拟试卷二

单位__________姓名__________考号__________________得分__________________

一、读单音节字词（100 个音节，共 10 分，限时 3.5 分钟）

题分	读音错误	读音缺陷	超时	得分
10	个扣　　分	个扣　　分	分钟扣　　分	

碑　投　泡　蓝　脑　掐　痣　增　二　榴　丢　瞟　拈　乐　晒　俏　邻　掂
判　盟　购　相　刮　福　蹭　摔　坡　缔　来　趁　夸　鸣　妮　糖　怪　就
漱　才　班　动　均　不　能　去　宽　驼　聘　刊　沓　姜　混　讯　缩　追
床　瘸　兵　晃　铡　让　草　粗　约　雄　矿　丁　接　舜　砖　吞　蚌　税
夹　揉　司　鹤　非　暖　秦　髓　童　篇　煤　云　踹　伪　枕　自　犬　絮
逢　扎　人　红　邹　薛　米　池　翁　师

二、读多音节词语（100 个音节，共 20 分，限时 2.5 分钟）

题分	读音错误	读音缺陷	超时	得分
20	个扣　　分	个扣　　分	分钟扣　　分	

八成　蜜蜂　投降　摆摊儿　瓜子　苍老　墨水儿　挂号　传导　公文　女性
强盗　规律　穷苦　决定性　会计　松懈　出圈儿　准确　代表　给予　梅雨
品茗　皮肤　耳朵　球场　次数　氛围　得病　花样儿　困难　巡逻　嘟囔
纠正　太阳能　翠绿　瑞雪　家园　改进　针对　下课　厚实　电车　日光
跳高儿　藕粉　坏处　综合　因为

三、朗读短文（400 个音节，共 30 分，限时 4 分钟）

题分	音节错漏添每个音节扣 0.1 分	声韵缺陷视程度扣 0.5—1 分	语调偏误扣 0.5—2 分	停连不当扣 0.5—2 分	朗读不流畅、回读扣 0.5—2 分	超时扣 1 分	得分
30	个扣　分						

泰山极顶看日出，历来被描绘成十分壮观的奇景。有人说：登泰山而看不到日出，就像一出大戏没有戏眼，味儿终究有点寡淡。

我去爬山那天，正赶上个难得的好天，万里长空，云彩丝儿都不见。素常，烟雾腾腾的山头，显得眉目分明。同伴们都欣喜地说："明天早晨准可以看见日出了。"我也是抱着这种想头，爬上山去。

一路从山脚往上爬，细看山景，我觉得挂在眼前的不是五岳独尊的泰山，却像一幅规模惊人的青山绿水画，从下面倒展开来。在画卷中最先露出的是山根底那座明朝建筑岱宗坊，慢慢地便现出王母池、斗母宫、经石峪。山是一层比一层深，一叠比一叠奇，层层叠叠，不知还会有多深多奇。万山丛中，时而点染着极其工细的人物。王母池旁的吕祖殿里有不少尊明塑，塑着吕洞宾等一些人，姿态神情是那样有生气，你看了，不禁会脱口赞叹说："活啦。"

画卷继续展开，绿荫森森的柏洞露面不太久，便来到对松山。两面奇峰对峙着，满山峰都是奇形怪状的老松，年纪怕都有上千岁了，颜色竟那么浓，浓得好像要流下来似的。来到这儿，你不妨权当一次画里的写意人物，坐在路旁的对松亭里，看看山色，听听流水和松涛。

四、命题说话（下列话题任选一个，共40分，限时3分钟）

1．购物（消费）的感受　2．我的愿望（或理想）

题分	语音标准程度扣分 0.5—2/3—4/5—6/7—8/9—11/12—14	词汇语法规范程度扣分 0.5—1/2—3/3—4	自然流畅程度扣分 0.5—1/2—3	缺时扣分 1/2	离题扣分 2—30	得分
40						

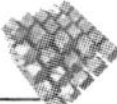

模拟试卷三

单位＿＿＿＿＿＿姓名＿＿＿＿＿＿考号＿＿＿＿＿＿＿＿＿＿得分＿＿＿＿＿＿＿＿＿＿

一、读单音节字词（100个音节，共10分，限时3.5分钟）

题分	读音错误	读音缺陷	超时	得分
10	个扣　　分	个扣　　分	分钟扣　　分	

败　猫　富　而　杂　岸　次　考　则　笔　来　朵　肥　呆　闹　敢　害　诗
涨　家　聊　前　奖　描　搭　日　夏　巧　甜　党　刮　货　摔　软　全　喝
拆　矮　神　超　雄　女　跟　南　密　酸　存　油　热　抓　铁　举　乱　画
军　员　如　略　船　广　罢　配　抖　粉　扯　饶　邻　舟　坑　呈　翁　酿
聘　拽　税　寻　涌　厅　穴　蚕　形　评　蹦　胶　硅　狂　量　笋　腔　亏
终　罪　耸　破　攻　柄　蜂　锁　葱　撰

二、读多音节词语（100个音节，共20分，限时2.5分钟）

题分	读音错误	读音缺陷	超时	得分
20	个扣　　分	个扣　　分	分钟扣　　分	

苍穹　课本　不测　成长　裤子　发挥　被窝儿　散步　媒体　清楚　曾经　旅馆
活跃　方案　化合物　悲痛　坚持　暖气　耳朵　表演　互相　船舷　采购　领导
工商业　激烈　热心　迫切　森林　能源　佛典　造价　寻求　梨核儿　快速　刹车
血压　阐明　趣味　瓜分　文凭　舆论　失踪　群体　磁铁　灯泡儿　选用　夸奖
投掷

三、朗读短文（400个音节，共30分，限时4分钟）

题分	音节错漏添每个音节扣0.1分	声韵缺陷视程度扣0.5—1分	语调偏误扣0.5—2分	停连不当扣0.5—2分	朗读不流畅、回读扣0.5—2分	超时扣1分	得分
30	个扣　　分						

育才小学校长陶行知在校园看到学生王友用泥块砸自己班上的同学，陶行知当即喝止了他，并令他放学时到校长室去。无疑，陶行知是要好好教育这个“顽皮”的学生。那么他是如何教育的呢？

放学后，陶行知来到校长室，王友已经等在门口准备挨训了。可一见面，陶行知却掏出一块糖果送给王友，并说：“这是奖给你的，因为你按时来到这里，而我却迟到了。”王友惊疑地接过糖果。

随后，陶行知又掏出一块糖果放到他手里，说：“这第二块糖果也是奖给你的，因为当我不让你再打人时，你立即就住手了，这说明你很尊重我，我应该奖你。”王友更惊疑了，他眼睛睁得大大的。

陶行知又掏出第三块糖果塞到王友手里，说：“我调查过了，你用泥块砸那些男生，是因为他们不守游戏规则，欺负女生；你砸他们，说明你很正直善良，且有批评不良行为的勇气，应该奖励你啊！”王友感动极了，他流着眼泪后悔地喊道：“陶……陶校长你打我两下吧！我砸的不是坏人，而是自己的同学啊……”

陶行知满意地笑了，他随即掏出第四块糖果递给王友，说：“为你正确地认识错误，我再奖给你一块糖果，只可惜我只有这一块糖果了。我的糖果没有了。”

四、命题说话（下列话题任选一个，共40分，限时3分钟）

1. 谈谈对环境保护的认识　2. 我的学习生活

题分	语音标准程度扣分 0.5—2/3—4/5—6/ 7—8/9—11/12—14	词汇语法规范程度扣分 0.5—1/2—3/3—4	自然流畅程度扣分 0.5—1/2—3	缺时扣分 1/2	离题扣分 2—30	得分
40						

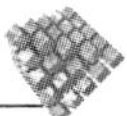

模拟试卷四

单位＿＿＿＿＿姓名＿＿＿＿＿考号＿＿＿＿＿＿＿＿＿得分＿＿＿＿＿＿＿

一、读单音节字词（100个音节，共10分，限时3.5分钟）

题分	读音错误	读音缺陷	超时	得分
10	个扣　　分	个扣　　分	分钟扣　　分	

加　伤　踩　犯　门　江　揉　嗡　裹　充　乖　消　贰　枚　库　雄　优　获
暖　配　绝　实　断　叠　捐　容　翁　归　塌　君　挺　违　霞　葬　匀　堤
旅　琴　腮　餐　粉　胞　蔫　薛　舜　隋　瞟　惬　朱　涩　蜊　裆　巷　笙
宋　钠　梯　邢　揣　讴　嗑　舔　铡　川　秧　赡　挠　痣　唇　凑　败　幅
垮　券　仍　斯　班　电　矿　穷　杂　我　坡　黑　许　则　回　倾　流　画
窄　膜　临　超　咱　吹　犷　即　词　废

二、读多音节词语（100个音节，共20分，限时2.5分钟）

题分	读音错误	读音缺陷	超时	得分
20	个扣　　分	个扣　　分	分钟扣　　分	

草率　增产　在于　苍蝇　指甲　混淆　劝阻　说谎　齿轮　出人意料　死活
溜达　娘胎　悲叹　剖析　谋划　团粉　允诺　刀把儿　瞥见　抓阄儿　绷紧
穷酸　蒜瓣儿　落后　鸟笼　安静　去年　广场　纠正　快乐　下课　然而
词典　城市　费用　挂号　公路　群众　全面　拼命　雄伟　旅馆　宣传
剥削　魔术　得罪　沉醉　折腾

三、朗读短文（400个音节，共30分，限时4分钟）

题分	音节错漏添每个音节扣0.1分	声韵缺陷扣0.5—1分	语调偏误扣0.5—2分	停连不当扣0.5—2分	朗读不流畅、回读扣0.5—2分	超时扣1分	得分
30	个扣　分						

我不由得停住了脚步。

从未见过开得这样盛的藤萝，只见一片辉煌的淡紫色，像一条瀑布，从空中垂下，不见其发端，也不见其终极，只是深深浅浅的紫，仿佛在流动，在欢笑，在不停地生长。紫色的大条幅上，泛着点点银光，就像迸溅的水花。仔细看时，才知那是每一朵紫花中的最浅淡的部分，在和阳光互相挑逗。

这里除了光彩，还有淡淡的芳香，香气似乎也是浅紫色的，梦幻一般轻轻地笼罩着我。忽然记起十多年前，家门外也曾有过一大株紫藤萝，它依傍一株枯槐爬得很高，但花朵从来都稀落，东一穗西一串伶仃地挂在树梢，好像在察颜观色，试探什么。后来索性连那稀零的花串也没有了。园中别的紫藤花架也都拆掉，改种了果树。那时的说法是，花和生活腐化有什么必然关系。我曾遗憾地想：这里再看不见藤萝花了。

过了这么多年，藤萝又开花了，而且开得这样盛，这样密，紫色的瀑布遮住了粗壮的盘虬卧龙般的枝干，不断地流着，流着，流向人的心底。

花和人都会遇到各种各样的不幸，但是生命的长河是无止境的。我抚摸了一下那小小的紫色的花舱，那里满装了生命的酒酿，它张满了帆，在这闪光的花的河流上航行。

四、命题说话（下列话题任选一个，共40分，限时3分钟）

1. 谈谈个人修养　2. 我喜爱的明星（或其他知名人士）

题分	语音标准程度扣分 0.5—2/3—4/5—6/7—8/9—11/12—14	词汇语法规范程度扣分 0.5—1/2—3/3—4	自然流畅程度扣分 0.5—1/2—3	缺时扣分 1/2	离题扣分 2—30	得分
40						

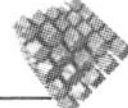

模拟试卷五

单位__________姓名__________考号__________________得分______________

一、读单音节字词（100 个音节，共 10 分，限时 3.5 分钟）

题分	读音错误	读音缺陷	超时	得分
10	个扣　　分	个扣　　分	分钟扣　　分	

茎　秦　摔　穴　刷　沤　惹　挽　啮　留　分　煤　黑　兆　蛙　赐　洒　秤
足　匹　胖　碑　即　闩　捆　从　妾　梗　窗　湍　镖　嗑　孙　瘸　惨　塞
神　尊　否　抡　徐　通　夏　菌　索　皆　扛　蹲　虐　穷　癣　供　券　骨
防　鹤　室　贰　丝　铀　脏　嵌　随　翁　卷　左　寻　绿　拨　判　寒　绕
揍　涌　凹　苔　增　纸　拆　窄　因　翎　催　酿　趴　铡　贵　刁　磨　幢
濒　扶　妊　咖　缅　坑　嫡　命　暖　猜

二、读多音节词语（100 个音节，共 20 分，限时 2.5 分钟）

题分	读音错误	读音缺陷	超时	得分
20	个扣　　分	个扣　　分	分钟扣　　分	

缺少　曾经　枕头　挖潜　鼻梁儿　优良　群众　佛经　妖精　藏匿　求救
抖擞　裁缝　穷困　热烈　纯粹　党员　广播　跟头　调查　团结　快乐
增长　白炽　千方百计　收入　指引　炽热　露馅儿　迸溅　奖品　欧洲　侨眷
旋转　墨水儿　抓瞎　然而　送礼　嗓子　唱片儿　合同　劳驾　混乱　劝阻
费用　暧昧　咯血　军装　明年　农产品

三、朗读短文（400 个音节，共 30 分，限时 4 分钟）

题分	音节错漏添每个音节扣 0.1 分	声韵缺陷扣 0.5—1 分	语调偏误扣 0.5—2 分	停连不当扣 0.5—2 分	朗读不流畅、回读扣 0.5—2 分	超时扣 1 分	得分
30	个扣　分						

有这样一个故事。有人问：世界上什么东西的气力最大？回答纷纭的很，有的说“象”，有的说“狮”，有人开玩笑似的说：是“金刚”，金刚有多少气力，当然大家全不知道。

结果，这一切答案完全不对，世界上气力最大的，是植物的种子。一粒种子所可以显现出来的力，简直是超越一切。

人的头盖骨，结合得非常致密与坚固，生理学家和解剖学者用尽了一切的方法，要把它完整地分出来，都没有这种力气。后来忽然有人发明了一个方法，就是把一些植物的种子放在要剖析的头盖骨里，给它以温度与湿度，使它发芽。一发芽，这些种子便以可怕的力量，将一切机械力所不能分开的骨骼，完整地分开了。植物种子的力量之大，如此如此。

这，也许特殊了一点儿，常人不容易理解。那么，你看见过笋的成长吗？你看见过被压在瓦砾和石块下面的一颗小草的生成吗？它为着向往阳光，为着达成它的生之意志，不管上面的石块如何重，石与石之间如何狭，它必定要曲曲折折地，但是顽强不屈地透到地面上来。它的根往土壤钻，它的芽望地面挺，这是一种不可抗拒的力，阻止它的石块，结果也被它掀翻，一粒种子的力量之大，如此如此。

四、命题说话（下列话题任选一个，共40分，限时3分钟）

1. 谈美食　　2. 我喜欢的节日

题分	语音标准程度扣分 0.5—2/3—4/5—6/7—8/9—11/12—14	词汇语法规范程度扣分 0.5—1/2—3/3—4	自然流畅程度扣分 0.5—1/2—3	缺时扣分 1/2	离题扣分 2—30	得分
40						

模拟试卷六

单位________姓名________考号____________得分__________

一、读单音节字词（100个音节，共10分，限时3.5分钟）

题分	读音错误	读音缺陷	超时	得分
10	个扣 分	个扣 分	分钟扣 分	

伙 伞 托 训 瘸 窘 聚 从 目 涌 紧 贼 侧 而 洒 织 拽 吃
翁 巧 嗅 勤 扣 锌 券 丝 掐 跌 衔 哼 难 乖 疼 粥 替 身
家 棉 昏 懒 给 流 煤 赶 破 箱 带 视 辣 尝 酿 膜 发 宝
赔 摆 鸣 描 穴 恶 拨 梁 籽 草 捐 认 教 游 富 扩 熊 追
均 归 春 情 耍 如 嘴 柄 喷 防 娶 绝 浓 旋 坑 广 暖 屯
断 荒 挂 稍 挎 霜 前 鲜 虹 日

二、读多音节词语（100个音节，共20分，限时2.5分钟）

题分	读音错误	读音缺陷	超时	得分
20	个扣 分	个扣 分	分钟扣 分	

胸怀 洽谈 改变 处分 盆地 入手 困难 选举 几乎 滑雪 动用
黄瓜 创作 心情 马匹 年龄 寻求 分割 农村 有关 耳朵 辞职
愉快 旦角儿 扩充 插嘴 冰棍儿 奖品 内战 商量 烟卷儿 码头 起飞
卑劣 保险杠 此起彼伏 倒霉 考虑 反正 叫唤 蛋白质 确凿 讴歌 冤枉
丧失 军队 思想 春笋

三、朗读短文（400个音节，共30分，限时4分钟）

题分	音节错漏添每个音节扣0.1分	声韵缺陷扣0.5—1分	语调偏误扣0.5—2分	停连不当扣0.5—2分	朗读不流畅、回读扣0.5—2分	超时扣1分	得分
30	个扣 分						

三百多年前，建筑设计师莱伊恩受命设计了英国温泽市政府大厅。他运用工程力学的知识，依据自己多年的实践，巧妙地设计了只用一根柱子支撑的大厅天花板。一年以后，市政府权威人士进行工程验收时，却说只用一根柱子支撑天花板太危险，要求莱伊恩再多加几根柱子。

莱伊恩自信只要一根坚固的柱子足以保证大厅安全，他的“固执”惹恼了市政官员，险些被送上法庭。他非常苦恼：坚持自己原先的主张吧，市政官员肯定会另找人修改设计；不坚持吧，又有悖自己为人的准则。矛盾了很长一段时间，莱伊恩终于想出了一条妙计——他在大厅里增加了四根柱子，不过这些柱子并未与天花板接触，只不过是装装样子。

三百多年过去了，这个秘密始终没有被人发现。直到前两年，市政府准备修缮大厅的天花板，才发现莱伊恩当年的“弄虚作假”。消息传出后，世界各国的建筑专家和游客云集。当地政府对此也不加掩饰，在新世纪到来之际，特意将大厅作为一个旅游景点对外开放，旨在引导人们崇尚和相信科学。

作为一名建筑师，莱伊恩并不是最出色的。但作为一个人，他无疑非常伟大。

四、命题说话（下列话题任选一个，共40分，限时3分钟）

1. 童年的记忆　　2. 我和体育

题分	语音标准程度扣分 0.5—2/3—4/5—6/ 7—8/9—11/12—14	词汇语法规范 程度扣分 0.5—1/2—3/3—4	自然流畅 程度扣分 0.5—1/2—3	缺时扣分 1/2	离题扣分 2—30	得分
40						